U0855032

习近平总书记 2020 年 9 月 11 日《在科学家座谈会上的讲话》指出：

“农业方面，很多种子大量依赖国外……”

2020 年中央经济工作会议指出，解决好种子和耕地问题。……要开展种源“卡脖子”技术攻关，立志打一场种业翻身仗。

粮食安全问题事关每一个中国人

触目惊心的事实应该使每个中国人警醒

破解科技“卡脖子”丛书

直面中国种子问题

陈　明　主编

河南科学技术出版社
·郑州·

内容提要

当前，在我国经济社会发展中，种子问题成为“卡脖子”问题，很多农业种子依赖国外。农业现代化，种子是保障。种业代表了一个国家农业核心竞争力的强弱，未来农业的竞争关键是种子的竞争，要从源头上解决和保障粮食安全，就必须解决种子问题，实施现代种业提升工程。本书从中国种子现状、面临的主要问题谈起，介绍了现代种业发展的历程，以及我国目前种业发展情况，结合世界种业发展的科技趋势，剖析造成我国种子“卡脖子”的主要原因，寻找破解种子问题的对策和路径，提出市场化是解决种子问题的关键。本书适合一般读者阅读，也可供“三农”相关工作人员参考。

图书在版编目（CIP）数据

直面中国种子问题 / 陈明主编 . —郑州 : 河南科学技术出版社，2021.6
ISBN 978-7-5725-0395-5

Ⅰ . ①直… Ⅱ . ①陈… Ⅲ . ①种子 – 农业产业 – 研究 – 中国 Ⅳ . ① F326.1

中国版本图书馆 CIP 数据核字 (2021) 第 056523 号

出版发行：河南科学技术出版社
地　　址：郑州市郑东新区祥盛街 27 号 邮编：450016
电　　话：（0371）65788613　65788629
网　　址：www.hnstp.cn

选题策划：张　勇
责任编辑：邓　为
责任校对：耿宝文
整体设计：张　伟
责任印制：张艳芳
印　　刷：河南博雅彩印有限公司
经　　销：全国新华书店
开　　本：720 mm × 1020 mm　1/16　**印张：**8　**字数：**80 千字
版　　次：2021 年 6 月第 1 版　2021 年 6 月第 1 次印刷
定　　价：40.00 元

本书编写人员名单

主　编　陈　明

副主编　胡铁华　于春花

编　者（按姓氏笔画排序）：

王丽艳　王慧华　付金东　刘　凯

刘　爽　张杰伟　胡冰川

主编简介

陈明，管理学博士，中国社会科学院政治学研究所副研究员、中国社会科学院大学政府管理学院副教授，主要从事乡村治理、土地制度与城乡发展问题研究。

著有《土地政治论》，在《学术月刊》《人文杂志》《中国农村观察》等刊物发表学术论文30多篇，其中8篇被《中国社会科学文摘》、“人大复印报刊资料”转载，在《新京报》《经济观察报》、“澎湃新闻”等媒体发表社会评论40余篇，报送内参报告30多篇。主持国家社科基金项目2项，主持中国社会科学院、农业农村部等部委项目6项。曾获第八届中国农村发展研究奖论文提名奖、中国社科院优秀对策信息奖等奖项。

导读

2020年中央经济工作会议提出“要开展种源‘卡脖子’技术攻关，立志打一场种业翻身仗”。自从发生中美经贸摩擦以来，以光刻机为代表的高科技“卡脖子”问题开始影响到社会生活。事实上，中国种业与国外水平差距大致与高科技差距相接近，也存在类似的“卡脖子”可能性，只是表现方式与光刻机不太一样。

堪用与致用

本书提到“我国农作物良种国产化率超过95%，畜禽核心种源自给率超过70%”。这一概念实际上选择的参照系是历史纵向比较，而非横向的现实比较。关于国产化率和自给率的问题，很多时候并非“绝对”比较，而是“相对”比较。种源“卡脖子”在很多时候是相对概念，而并不是绝对意义上的无种可用，即种源“堪用”与“致用”之间的差别。

对这一点，社会公众很难理解，大家觉得每天都正常饮食，怎么会被“卡脖子”？而且在历史上，农业长期都是自留种，鸡生蛋、蛋生鸡，这么简单的事情，怎么会有问题？大不了少吃几个鸡蛋！实际上，现在中国也可以生产12纳米以上的芯片，28纳米以上的光刻机也可以生产，那为什么还会被卡脖子呢？原因很简单，所谓“堪用”对应的手机功能只是打电话、发短信，但是我们当前的应用却有着丰富的场景，游戏、视频乃至加密都产生了新的算力需求，人们也不会接受带一块板砖大小的设备四处活动。

种源“卡脖子”也是类似，只不过表现方式不同。以玉米种子“先玉335”为例，此前农户种植玉米，因为担心发芽率不高，穴播一般都会放上2粒种子；但是“先玉335”推广以后只需要播1粒，使得种子用量直线下降。2006 ~ 2020年间，我国玉米产量从1.5亿吨增长到2.6亿吨，玉米种用量从200万吨降到100万吨。

按每亩用种量来计算，2006 ~ 2020 年间每亩用种量从 4.7 千克下降到 1.6 千克。在这个技术进步过程中，“先玉 335”起到了重要作用，即“致用”。

在玉米育种技术进步的过程中，国内育种水平也在明显提高，但是仍然要清醒地认识到与国际先进水平的差异。如果说比平均单产没有意义，那么可以对比高产纪录，比如 2019 年，美国玉米单产纪录是每亩 2.58 吨；根据能够公开查询到的资料，2019 年中国示范田玉米最高亩产也只达到 1.66 吨。当前中美玉米单产差距主要是表现在种植密度和单株产量，而这两个指标取决于品种的耐密性和抗逆性，底子是品种差异，实际反映的是育种科技水平的差距。

种源与产品

世界各国都对特定种源的输入和输出进行了明确的规范，真正意义上的种源“卡脖子”并不是就各国现行的相关法律法规而言的，而是因为种源相对落后带来的可能结果，无外乎两种：

一是种源层面。由于长期无法提升原种研发的能力，使得种源市场需求持续依赖进口，最终导致技术依附。2020 年，中国牛冻精液进口额为 6 122 万美元，同比增长 45.8%，而 2009 年中国牛冻精液进口不足 500 万美元；在进口快速扩张的同时，国内牛冻精液生产从 2013 年的 5 139 万支下降到 2019 年的 3 152 万支。尽管这里有一部分是技术进步带来的国产效率提高，但是并不能掩盖的一个事实是市场对进口牛冻精液的认可。现代技术能力和水平，实验室的成功只是第一步，真正的成功还需要市场和用户的检验。当今时代，一方面是技术引导市场，另一方面是市场选择技术，在市场选择背景下走向进口依赖，让人忧虑。

二是产品层面。由于种种原因，特别受环境条件的影响，并不是所有的种源都通过直接贸易的方式进行，尤其在农作物种子领域，能够做到直接贸易并大量推广的品种非常有限。相当数量的种源贸易是通过产品贸易的方式间接实现的。当前中国大量进口大豆很能说明问题，2019 年中国大豆单产为每亩 109 千克，而美国为每亩 233 千克，巴西为 222 千克。中国大豆与美洲国家大豆生产效率差别显著，在很大程度上是种子原因，其结果就是，如果不进口种子，那就要进口产品，种源的差距最终传导到产品层面。相当数量的农产品进口，除农业资源之外，内在因素实际是科技差异，例如种源差异。

植物与动物

书中提到“当前粮食作物种子问题不大，但几乎全部的动物种源都存在问题，大型动物更是基本没有破题”。仍然以牛冻精液为例，国产冻精即使享受国家补贴，但是大型养殖主体却不买账，宁愿花更高成本购买进口冻精。这种情况在现实中并不是个案，种猪、种禽、种虾等都是如此。显然，当前动物种源引进与植物有很大差别，需要对植物和动物分开进行讨论。当前之所以作物良种国产化率更高，而动物种源在商业层面的国内国际差距明显，其根本差异在于是否需要驯化。由于植物种源在引进时比动物更复杂，于是演化出两条不同的技术路线，并最终导致了植物和动物在种业发展上呈现两种形态，即植物种源引进最终演变为产品进口，而动物引进则演变为遗传物质进口。作物良种的高国产化率也不意味着就可以高枕无忧，如前所述，动物种源相当数量依赖进口，一眼就可以识别，而植物种源的进口很少，差距却表现在农产品进口上。在考虑种源的具体问题时，植物和动物需要分开讨论，不过其中的基本问题都是一致的。

无论植物种源还是动物种源，从产业发展和产业安全角度，无论是物质材料还是技术研发，关键都在于人的智慧活动，即人的主观能动性和创造性。在种业领域，现代和传统最大的差距在于人类智慧对种源影响的深度。现代种业历史并不长，中国种业历史则更短，尽管如此，创造出的“奇迹”却比历史上任何一个时期都要大。无论是诺曼·博洛格，还是袁隆平，通过新品种的选育几乎改变了人类发展的进程。相信我们这一代人在有生之年可以看到世界“零饥饿”目标的实现。

无知与有知

“一切恐惧源于无知”。转基因技术及其应用日益成为人类认知水平的试金石。抛开技术问题，从本能角度，人类行为都是趋利避害的，同时在认知上也是存在天然缺陷的。当前，在世界范围内，恐怕反对转基因人群的数量远远超过支持者。然而，正是因为转基因技术的推广和应用，人类才可以获得如此廉价的食物供应，农事活动才越来越少地依靠人类体力，文明才可以取得如此巨大的进步。

从技术上来讲，转基因品种的商业化有着严格的程序，从实验研究、中间试验、环境释放、生产性试验、安全证书审批，最后到商业许可，安全是通过科学标准和规范得到保证的。至今，所有对转基因商品的质疑和反对，要么是情绪化表达，要么是未经验证的信息发布；相反，任何一种转基因商品的上市，都经过了严格的科学验证。时间会站在转基因一边，会站在先进科技一边。正因为如此，在转基因领域的研发一旦落后，我们的种业发展就可能面临“脱代”的风险。

《直面中国种子问题》这本书立足中国种业实践，站在全球视角阐释了种业演化历程，并对未来种业发展提供了路径选择。全书不仅描绘了种业发展的历史图谱，对种业发展的演化逻辑和一般性规律进行了直观呈现，更对我国种业进行了把脉问诊，切中行业发展的梗阻，正面提出问题，回应社会关切。本书对种业的现状和未来、发展的历程和方向都做了非常全面的描述，对了解中国与全球种业的概貌提供了很好的指引。不论是业内人士，还是有兴趣了解种业发展的读者，都能从中受益。种业本身是个具体问题，但是在方法论层面检验我们对未知的态度，在价值观层面考验我们的包容性。种子堪称农业的“芯片”，大国种业正疾驰在通向未来的赛道上！

胡冰川

2021 年于北京

目录

第一章　现代化视野中的种业发展……………………………… 001

一、种子与世界现代化进程……………………………………… 002

二、世界种业强国侧记…………………………………………… 005

1. 美国种业变形记 ……………………………………………… 005

2. 德国种企做强记 ……………………………………………… 007

3. 日本种苗保护记 ……………………………………………… 009

三、中国种业发展的历史与现状………………………………… 011

1. 种子与中国传统社会 ………………………………………… 011

2. 现代中国的种业发展 ………………………………………… 014

3. 当前中国种业发展的形势 …………………………………… 017

四、种业是农业现代化的“芯片”……………………………… 019

第二章　种子竞争力的“世界版图”…………………………… 023

一、世界种业竞争力格局………………………………………… 024

1. 全球种业市场概览 …………………………………………… 024

2. 种业竞争力国际比较 ………………………………………… 028

3. 我国种业市场现状 …………………………………………………………………… 029
二、战略必争的“种子库”………………………………………………………………… 030
1.“种子库”的起源与发展 ………………………………………………………………… 030
2.“种子库”世界之最 ……………………………………………………………………… 032
3. 我国种子库建设现状 …………………………………………………………………… 035
三、“知识产权”与种业竞争力 …………………………………………………………… 037
1. 第一阶段：前《UPOV 公约》时代 ……………………………………………………… 038
2. 第二阶段：传统育种时代 ………………………………………………………………… 039
3. 第三阶段：生物技术与农产品全球贸易结合的生物育种时代 … 040

第三章 抓紧跟上新一轮种业“科技革命” ………………………………………… 045
一、中国种业自主创新之路…………………………………………………………………… 046
1. 第一阶段：引进再创新阶段（1949 ~ 1995 年）………………………………………… 046
2. 第二阶段：育繁推一体化的集成创新阶段（1995 ~ 2011 年）… 049
3. 第三阶段：全球并购下的原始创新阶段（2011 年至今）………… 050
二、中国种业取得了历史性成就…………………………………………………………… 051
1. 科技创新 ………………………………………………………………………………… 051
2. 体制改革 ………………………………………………………………………………… 057
3. 对外开放 ………………………………………………………………………………… 058
4. 法治建设 ………………………………………………………………………………… 058
5. 企业发展 ………………………………………………………………………………… 059
三、新一轮种业“科技革命”正加速到来……………………………………………… 060

1. 现代生物技术 …… 062
2. 人工智能辅助育种 …… 066
3. 大数据信息技术 …… 066

第四章　世界种业并购浪潮与种业巨头崛起 …… 071
一、世界种业并购浪潮 …… 072
1. 三次并购浪潮 …… 072
2. 当前世界种业格局 …… 075
二、种业巨头崛起之谜 …… 078
1. 成本高昂，强者恒强 …… 078
2. 技术垄断，市场寡占 …… 079
3. 强强联手，兼并整合 …… 081
三、世界种业发展的主要经验 …… 082

第五章　中国种业发展的战略透视 …… 085
一、中国种源总体能够自给 …… 086
二、种业核心技术存在“卡脖子”风险 …… 088
1. 核心种质与关键基因创新不够 …… 088
2. 关键技术仍然受制于人 …… 090
3. 核心设备严重依赖进口 …… 090
三、中国种业围城困局 …… 092
1. 市场集中度低 …… 092

2. 企业研发能力弱 …………………………………………………… 093
3. 知识产权保护不足 ………………………………………………… 094
4. 制假卖假影响恶劣 ………………………………………………… 095
四、中国种业突围之路………………………………………………… 096
1. 在深化改革下我国新品种爆发式增长 …………………………… 096
2. 兼并重组带来行业集中度持续提升 ……………………………… 097
3. 种企研发投入显著增加 …………………………………………… 099
4. 对外依存度显著降低 ……………………………………………… 099
5. 转基因技术商业化步伐有望加速 ………………………………… 099

第六章　市场化是走向种业强国的关键………………………………… 101
一、真正“卡脖子”的是市场化改革滞后……………………………… 102
二、立志打一场种业翻身仗…………………………………………… 104
1. 加强种质资源保护和利用 ………………………………………… 104
2. 有序推进生物育种产业化应用 …………………………………… 105
3. 开展种源“卡脖子”技术攻关 …………………………………… 106
三、推进种业市场化改革……………………………………………… 107
参考文献………………………………………………………………… 110

第一章

现代化视野中的种业发展

The development of seed industry in the view of modernization

一、种子与世界现代化进程

现代育种是工业化、现代化的产物，起源于欧洲工业革命的过程当中。种子革命在现代化中发挥了举足轻重的作用。世界上创建最早的种子公司是法国的维尔莫兰种子公司，其成立于 1742 年，距今已有近 280 年的历史。世界上第一个种子检验站，于 1869 年成立于德国。如今，西方发达国家中，一些最初为家庭商行的种子公司，已发展成为规模庞大的现代化大型企业。

种子革命是生物进化的源头革命，它给人类社会带来的影响是根本性的。到 2011 年 10 月，地球人口已突破 70 亿。地球人口的爆炸式增长，最根本的支撑就是现代科学技术不断催生出各种农作物及家畜家禽领域里的一场场种子革命，使可供人们生存的食物产量激增。美国科学家诺曼·博洛格成功培育出矮秆小麦，拯救了南亚次大陆 10 亿人的生命。食物的充裕，拓展了人们的生存空间，使人口在自然生育状态下得以快速繁衍。

专栏 1-1

诺曼·博洛格与世界粮食奖

诺曼·博洛格（Norman Borlaug，1914 年 3 月 25 日— 2009 年 9 月 12 日），美国著名农业科学家、植物病理学家、遗传育种专家。

他在明尼苏达大学学习林学，1937年获学士学位。成长于美国经济大萧条时期的博洛格，切身体会过粮荒意味着什么。“大萧条的黑色土壤让我投身农业”，博洛格曾经说。

图 1–1　博洛格在研究小麦

1944 ~ 1960 年，博洛格在洛克菲勒基金会墨西哥合作农业规划研究院任研究员。当时，由于公共医疗条件改善，一些发展中国家出现人口增长高峰，粮食增量满足不了增加的人口的需求。在此期间，他成功培育出抗病、耐肥、高产、适应性广的半矮秆小麦，使小麦产量大幅提高（图 1–1）。1970 年，博洛格因在高产农作物品种研究上的贡献及将绿色技术引入发展中国家的努力而获得诺贝尔和平奖。当时向他颁发这一奖项的诺贝尔和平奖委员会主席奥瑟·利奥内斯评价博洛格说，博洛格为饥荒世界带来面包，“我们希望这也能为世界带来和平”。

博洛格于 1986 年设立了世界粮食奖。2004 年，中国科学家袁隆平获得该奖项（图 1–2）。

图 1–2　2004 年中国科学家袁隆平获得世界粮食奖

据专家预测，未来30年，全球总人口将达到100亿。到目前为止，常规育种方法已经为我们带来了高产的、营养丰富且适宜于机械收获的作物，来满足不断增长的人口对于食物的需求。但是包括小麦、水稻和玉米在内的主要作物的产量增加速度还不足以满足未来的需求。农业科学家承受着改良现有作物和开发新作物的压力，未来的作物必须更高产、更有营养、抗病抗虫并能适应气候变化，只有这样才能不断满足日益增长的人口需求。

过去几十年里，种业技术不断进步和发展，尤其是以转基因技术为代表的生物育种技术发展迅速，已经成为行业主流，并且有力推动了全球农作物产量的成倍增长。作物的改良可以帮助我们应对为100亿人口提供粮食的挑战，问题在于，我们能否以足够快的速度培育出更好的品种？基因分型、标记辅助筛选、高通量表型分析、基因编辑、基因组选择、从头驯化……这些技术都可以结合育种技术，让植物育种家们能够跟上环境变化和人口增长的步伐。

如今，种业不仅是现代农业领域中最关键的产业之一，也已经成为国家战略性、基础性的核心产业。种业竞争力不仅决定种业自身发展，而且也决定农业产业安全，不断提升种业竞争力是保障现代农业持续健康发展和国家粮食安全的根本。当前，我国种业正处于世界新一轮科技革命和产业变革的关键时期。站在开启全面建设社会主义现代化国家新征程、“十四五”规划开局起步的历史节点上，我们要在应对风险、抢抓机遇中赢得主动，就必须对种源保障能力、种业创新水平、内外部发展环境等重大问题有客观的分析和科学的认识。

二、世界种业强国侧记

1. 美国种业变形记

美国是世界农业第一大国，同时也是世界种业第一大国。美国自然资源丰富，农业生产规模化、区域化、专业化、现代化水平高，玉米、小麦、大豆等种植产业集中度高，农产品产量、贸易量均居世界第一，这也与其拥有全球领先的现代化种业密不可分。据统计，美国农作物种子市场价值高达 158 亿美元，为世界第一，约占世界种子市场价值的 35%。在世界排名前十位的种业公司中，美国企业占到六七家。

美国种业辉煌业绩的历史，其实不超过百年。从普通农户自留种子到出现跨国集团，美国种业经历了深刻的变化与转型。直到 19 世纪末，美国农民和其他在土里刨食的全球同行一样，都要从上一年的作物中留出种子，农民们从没听说过种业公司这种事物。到 20 世纪初，情况发生了改变，公共研究人员开发出高产杂交玉米品种。大约从 1915 年开始，美国开始流行种子认证计划，商业种子市场的作用日渐扩大。

自 1930 年开始，私营部门在杂交玉米种子商业市场中的作用显著增强。一些公司制订了内部研究和育种计划，力图改进现有的杂交种子。到 1944 年，美国在玉米种子市场的销售额已超过 7 000 万美元，玉米种子成为美国种子行业的核心业务。到 1965 年，美国有超过 95% 的玉米地都种上了杂交种子。产业扩张还产生了足以支持植物育种研发的利润，通过不断改进产品，私人种子公司获得了得以维持和保障玉米种子市场长期健康成长的能力。

从1970年开始，随着美国《植物保护法》的颁布，美国种业进入了现代产业时代。《植物保护法》和随后的修正案以及相关仲裁，通过保护植物新品种专利权等方式，极大激发了私营公司进入种子市场的热情，这也开启了美国种业公司的大兼并时代。美国制药、石化和食品跨国集团先后收购了50多家种子公司。这些大型公司拥有研发所需的各种资源。随着收购浪潮的兴起，至20世纪80年代初期，多家美国种子公司已经跻身全球种业前列。

20世纪80年代以后，生物技术的发展帮助企业提升了研发能力。随着农作物生物技术升级后的首批产品开始广泛测试，种子行业结构也经历了进一步转型。一方面，不少公司希望通过并购重组实现规模化发展，以负担生物技术研发所需要的高成本；另一方面，化工企业与种子企业之间由于存在互补关系，也频频携手。

这些因素持续推动美国种业扩张。一些企业通过并购获得知识产权，规避了高额的专利费；另外一些企业则基于生物技术和遗传学相关研究的应用，朝着“生命科学”综合体方向发展。美国孟山都（Monsanto）、诺华和艾格福（AgrEvo）等公司均通过类似战略行为获得了相当大的市场份额。

大型跨国公司进军种业改变了美国种业的面貌，无论是不断扩大的市场、显著提升的销量还是越来越充裕的研发资金，都为美国种业腾飞奠定了坚实的基础。在其巅峰时期，美国涉及种子业务的企业有800多家，其中种子公司500多家，除了孟山都、杜邦先锋、先正达（Syngenta）、陶氏等跨国公司，还有从事专业化经营的小公司或家庭企业，以及种子包衣、加工机械等关联产业企业200多家。前几位跨国公司在美国的种子市场份额高达75%，占据另外25%市场的中小企业，也有相当一部分是由几大巨头投资或者进行技术合作，其在世界种业市场的业务仍在不断扩大。

2. 德国种企做强记

近年来，国际种子企业巨头纷纷在专利种子方面加大研发力度。国际大型种子企业在经历了多轮并购浪潮后，逐渐形成了当前国际种子行业的两强格局：从市场份额上看，拜耳和科迪华两家种子企业巨头领跑全行业，占到全球种子企业销售额的60%。

2018年6月，德国拜耳集团宣布完成对美国孟山都集团的收购，一跃成为全球种子行业领头羊。此后，拜耳在全球种子市场的份额上升至40%，占全球农药市场份额的23%。数据显示，2019年拜耳农业销售额达到215亿美元，其中种子销售额为86.45亿美元，稳居行业榜首。

拜耳收购孟山都，并将部分种子和农化业务剥离给巴斯夫，大大增强了德国种子企业在国际种子行业的市场份额及话语权，对全球种子市场产生了深远影响。纵观拜耳、巴斯夫等德国大型农化企业的发展，不难发现，其基本上都是以化工产品起家，而后在发展农化产品的基础上开发相应的种子产品。

德国种子企业奉行的重要原则之一是以高效创新为业务增长的重要动力。长期以来，德国大型种子企业在研发方面的投入始终保持在一个较高水平。预计至2028年，拜耳集团每年在农作物领域的投入会超过20亿欧元，如此大的研发投入力度在行业内也是屈指可数的。

随着世界进入数字化时代，国际种子企业巨头也在寻求新的发展路径。“工业4.0”发源于德国，使德国成为工业领域数字化的领头羊。在农业领域，德国农化企业也将数字化作为未来农化行业，特别是种子行业的重要发展方向。

目前，拜耳集团已经开始加大在数字化农业领域的投入和研发，如通过搭建气象等农业信息平台、发展智能农机设备、利用人工智能及大数据等新技术为种植者提供全方位服务等，力争推动种子业务与农化业务等深度整合。

巴斯夫集团在收购拜耳部分农化领域资产后正式进军种子行业，并将打造全新的农业种植解决方案作为其未来业务增长的主要方向。巴斯夫集团将数字化视为未来农业解决方案的重点，通过构建农业大数据平台，推广农业生产应用程序，在精准播种、灾害预测、数字化采收控制等方面对农业资源进行整合，提供高效、高产的农业解决方案。

不难看出，全球种子行业在完成了“力量”的整合与优化后，正在开始朝着种业上下游拓展，并对农业全产业链进行纵向渗透。这意味着，未来全球种业集中化、多元化、国际化的趋势仍将持续，大型种子企业的垄断地位依旧稳固。

3. 日本种苗保护记

日本虽然是农业小国，农业产值只占 GDP 的 1%，但同时日本却是种子大国，其种子不仅能够满足国内使用，还出口世界 60 多个国家和地区。很多从国外进口到日本的蔬菜、农产品，其实都是日本种子境外种植后返销日本的。

日本最大的粮食品种是稻米。该国拥有 560 多个水稻品种，其中仅作主食用的就有 274 种，此外还有酿酒用、饲料用等多种品类。统计显示，日本全国农地面积的 49.1%用于生产水稻，不过绝大部分属于农民自家耕种的小规模农业。日本绝大部分地方都实行了专业育种，经过筛选消毒的种苗质量好，成活率高。

日本拥有不少世界级种子企业。比如，坂田育种公司和泷井种苗公司的蔬菜花卉种子、种苗年销售额均达到 2 亿美元，分别位居世界第五位、第六位。从世界种子市场占有率看，坂田育种公司的西蓝花种子占 65%、土耳其文金花种子占 75%、三色堇种子占 30%。泷井种苗公司的圆白菜种子占印度尼西亚市场的 70%，占泰国市场的 50% ~ 60%。该公司生产的观赏用向日葵、叶牡丹种子占到世界市场的 70% ~ 80%，主要销往美国、墨西哥、巴西、中国、印度、法国、英国等国家和地区。

日本的农产品、植物种子分为自有使用的普通品种和受到知识产权保护的注册品种两个类型。其中普通品种占多数，如 84%的水稻种子、

96%的苹果种子、91%的葡萄种子、90%的马铃薯种子都属于普通品种。普通品种主要指祖传品种、未注册品种和已过保护期的注册品种。日本农林水产省的登记目录显示，注册品种主要包括水稻、马铃薯、甘薯、大葱、草莓等中的特色品种。根据 1991 年生效的《国际植物新品种保护公约》，新开发注册品种的产权保护期为 20 年，多年生植物的保护期为 25 年。

在登记品种中，2017 年，日本新登记品种 994 种，其中在国外培育成功的有 424 种，累计登记品种达 33 207 种。不过，从 2007 年至今，新登记品种数量整体呈现逐年下降趋势。目前，日本在产权保护期内的品种一共有 8 331 项，其中花草类占 63%，观赏树木类占 18%，蔬菜类占 6%。从知识产权的所有者分类看，种苗公司占 56%，个人占 25%，都道府县等地方政府占 9%。此外，食品公司、农业协会和大学均有受产权保护的品种。

日本的苹果、葡萄、草莓等品种世界知名。20 世纪 90 年代因其国内法制不健全，一款葡萄品种转售给了韩国企业，导致双方竞争激烈。受此影响，日本政府非常重视农业种苗的保护与开发。2018 年 6 月，日本提出促进农林水产业改革及发展智能农林水产业，提升相关产业附加值，加强知识产权保护；为防止种苗流向海外，将加强对种苗流通系统的监督管理。

近年日本连续发生了多起动物和植物种子走私至国外的事件。为此，2019 年 12 月，日本国会通过了《种苗法修正案》。这一法律规定，种苗开发者在注册时可指定该种苗只许用于国内甚至县市市场，农户或企业使用注册品种时需付费并获得使用许可。违反该项修正案的个人可判处 10 年以下监禁或 1 000 万日元以下罚金；法人则可处以 3 亿日元以下罚金，并从民法角度要求其赔偿开发者损失。

不过，《种苗法修正案》也遭到了部分在野党及农民的反对。该法律规定，从 2022 年 4 月 1 日起，农民购买的注册种苗如在下一个种植季节进行自家繁殖，也需获得开发者许可并适当付费。日本政府方面称，此举的目的是为避免自行繁殖种苗流往国外。不过，这毕竟增加了农民负担，本来就正在萎缩的日本农业或将因此受到影响。

三、中国种业发展的历史与现状

1. 种子与中国传统社会

在几千年的传统文明时代里，我国植五谷、饲六畜，形成了农桑并举、耕织结合的传统农业模式，也同时形成了独特的精耕细作、用地养地的农业技术体系，取得了许多世界领先的农业科技成就，为推进人类文明进步做出了历史性贡献。

在动植物育种方面，我国在长期发展中培育和积累了大量品种资源，总体上可以概括为农作物和畜禽两类品种。

从农作物品种方面看，春秋时期的《诗经》中已经提到“嘉种”选育，并记录了许多优良品种（图 1-3）；汉代已经发明“穗选法”的品种选育技术；南北朝时出现了类似现在“种子田”的防杂保纯措施；北魏《齐民要术》总结了扦插、分根、压条、嫁接等无性繁殖技术（图 1-4）；清代农书和地方志收录的水稻品种就有 3 000 个以上，农作物品种资源呈现显著的多样化特点。

图 1-3 《诗经》中的农事与物候

从畜禽品种方面看，早在原始时代，马、牛、羊、猪、狗、鸡等传统六畜已被独立驯化并人工饲养，春秋战国时期出现了家畜繁育技术；汉代在选育畜禽良种和家畜远缘杂交方面实现了较大突破，选育了华南猪、华北猪、秦川牛、关中驴等优良品种；唐代选育的同州羊至今仍是优良的绵羊品种之一（图 1-5）；明清时期畜禽品种更是大幅增加，出现了文昌鸡、北京鸭等知名品种。

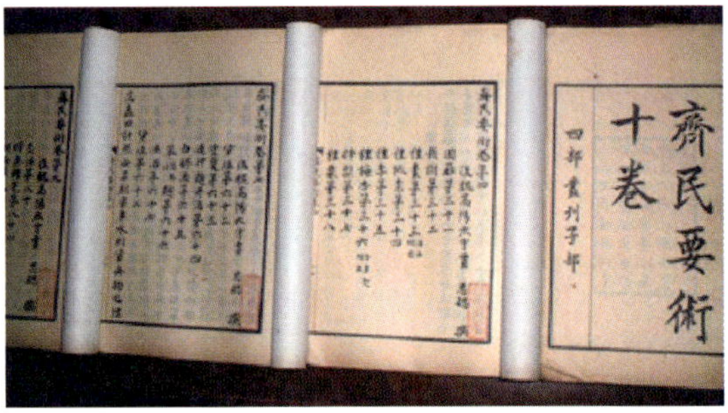

图 1-4 《齐民要术》总结出不少无性繁殖技术

19 世纪之前，中国是一个农业社会，以农养政，以农养兵，以农养城，以农养国，国家机器的运转靠的就是农

图 1-5 同州羊

业税收。而农业每次发生质的飞跃，关键取决于种子的革命。就中国而言，小麦、优质稻和玉米、地瓜等品种的引入，对经济社会的发展产生了根本性的影响。种子革命是农业社会经济繁盛的源头。

北宋初年，当占城稻（图 1-6）被泉州商人从东南亚带到福建泉州后，农民发现，它不仅高产，还可以稻麦复种轮作，一年可收两茬，单位亩产大大增加（当时南方水稻亩产约 176.5 千克，北方小麦亩产约 89 千克），于是占城稻迅速扩散到长江流域和中国南方，宋代垦田面积达到了 7.2 亿亩，江南地区也因此确立了经济中心的地位，“苏湖熟，天下足”的谚语正是诞生于这一时期。优秀稻种的引入，激发了整个宋代经济社会发展。中国古代四大发明造纸术、火药、印刷术、指南针，有三大发明产生在宋代。宋代当时企业规模之大，超出了之前乃至之后的很多朝代，据测算，其 GDP 占到了世界的一半，是真正的超级大国。12 世纪，浦江边上就有 10 座油井在生产，开采石油比西方早得多。研究表明，在 1080 年前后，中国的铁产量可能超过了 700 年后欧洲除了俄国以外的总量；在 11~12 世纪，中国的煤、铁产量甚至比工业革命前夕的英国还要多。北宋京城汴京，当时有 100 多万人口，是世界上最大的城市，工商税收占财政收入的 70% 以上。

图 1-6　占城稻

专栏 1-2

占城稻的传入

占城稻是出产于中南半岛的高产、早熟、耐旱的稻种，以其原产地位于今越南中南部的占城而得名。占城稻又称旱禾或占禾，属于早籼稻，北宋初年首先传入中国福建地区，并在江南地区推广。根据中国古书记载，占城稻有很多特点：一是耐旱；二是适应性强，“不择地而生”；三是生长期短，自种至收仅五十余日。

2. 现代中国的种业发展

20 世纪以来，现代自然科学的研究成果和研究方法逐渐应用于农业，促进了农业研究从传统经验到现代科学的转变。经历长时间的艰难探索，特别是新中国成立后农业科技发展日新月异，取得了一大批重要的科研成果，推动了我国农业由传统农业向现代农业的演进。

1914 年，金陵大学选育出我国第一个现代小麦品种，之后我国通过各种方法和途径育成了一大批农作物优良品种，主粮作物单产平均提升 5 倍以上。新中国成立以来，我国的作物遗传育种技术不断发展，累计育成新品种 7 000 余个，实现了 5~6 次大规模的品种更新换代。

水稻方面，我国 20 世纪 50 年代育成了矮脚南特等一批矮秆品种，20 世纪 70 年代实现杂交水稻“三系”配套，20 世纪 90 年代育成了“两系”杂交稻（图 1-7），实现了水稻育种技术的三次飞跃，为保障粮食安全发挥了关键性的作用。

小麦方面，我国经历了20世纪50年代以抗病稳产、70年代以矮化高产为目标的两个阶段后，在20世纪90年代步入优质高产育种阶段，先后育成了小偃系列（图1-8）、济麦系列等一批优良品种，为我国小麦生产做出巨大贡献。

图1-7 杂交稻

图1-8 小麦小偃系列品种

玉米方面，我国育种技术经过传统经验育种，以配合力为核心的初级商业化育种阶段，已经全面进入以双单倍体育种、分子标记辅助选育、基因工程等技术为代表的现代生物育种阶段，中单系列（图1-9）、郑单系列、京科系列等优良品种不断涌现，有力推动了我国玉米单产

图1-9 玉米中单系列品种

不断提升、品种更新换代。

棉花方面，我国 20 世纪 90 年代先后创制成功拥有自主知识产权的单价、双价抗虫基因，培育出了一大批转基因抗虫棉新品种，成为全球第二个独立自主研制成功具有知识产权抗虫棉的国家，累计推广面积超过 5.8 亿亩，占我国抗虫棉总面积的 97% 以上（图 1-10）。

近代以来，我国逐步建立起了现代畜牧科研体系，在畜禽和牧草品种选种选育方面取得重要进展，畜牧种业水平不断提高。从 20 世纪初开始，陆续引进国外优良品种与本土品种进行杂交改良，到 20 世纪 70 年代培育出了中国荷斯坦牛、哈尔滨白猪、中国美利奴羊等一批市场急需的畜品种。近年，陆续培育成功渝荣一号猪、延黄牛、巴美肉羊、京星黄羽肉鸡、

图 1-10　新疆长绒棉

Z 型北京鸭、农大 3 号小型蛋鸡、五指山猪近交系等众多优良畜禽新品种（系），一些国产品种已占据 40% 以上的国内市场，国外品种依赖度明显降低。

3. 当前中国种业发展的形势

“十三五”以来，我国种业发展取得了积极进展。

一是品种创新结硕果。育成吉粳 816 等一批水稻新品种，品味可与日本越光、泰国香米媲美；育成京农科 728 等一批适宜籽粒机收玉米新品种，使玉米生产实现全程机械化、籽粒不落地成为可能；育成西农 511 等一批抗病小麦品种，实现了黄淮麦区抗赤霉病品种零的突破。自主培育的京红、京粉系列蛋鸡品种和中畜、中新白羽肉鸭，生产性能已达到国际先进水平。

二是技术创新有突破。杂种优势利用、单倍体育种、细胞工程、转基因等核心技术取得突破。首次从全基因组水平揭示水稻重要农艺性状变异分子机制，从玉米野生种中克隆控制玉米密植增产关键基因。奶牛、生猪、蛋鸡等畜禽种业加快全基因组选择技术应用，有效缩短世代间隔，加速育种进程。

三是机制创新增活力。良种联合攻关深入推进，物种类别达到 22 个。北京、福建、安徽、山西等省市启动地方联合攻关，主攻特色物种，促进产业升级。

四是制度创新夯基础。建立并加快落实种质资源登记制度，为育种创新开辟源头活水。深化品种管理制度改革，减少审定作物，建立绿色通道，实行省间引种备案，建立非主要农作物品种登记制度，为好品种入市打造大路通衢。在水稻攻关组内开展实质性派生品种制度试点，鼓励原始创新。目前，农作物良种覆盖率在 96% 以上，自主选育品种面积占比超过 95%，畜禽核心种源自给率超过 75%。良种对粮食增产、畜牧业发展的贡献率分别达到 45% 和 40%，为我国粮食连年丰收和重要农产品稳产保供提供了关键支撑。

从 20 世纪 80 年代开始，我国种业发展进入到一个“平台期”。造成这种情况的主要原因有以下几方面。

第一，育种机制有待创新。目前我国种业科研还缺乏顶层设计，中央与地方育种单位分工不明确，科研工作重复，种业科技创新环节衔接不紧密。

第二，育种技术创新有待加强。目前，我国的育种技术主要依赖传统技术，效率偏低，育种的预见性差，育种周期长，现代生物育种技术的创新不足。

第三，突破性重要基因匮乏。新基因的发掘可以使育种有突破性进展，近年尽管科研投入很大，但相对缺乏突破性发现。

目前，我国的品种选育仍然是学院性、科研性的，却不一定是市场需要的。现有品种往往都是注重在高水肥条件下的高产量品种，缺乏资源节约型、优质功能型、抗逆广适型和专用型的新品种，难以适应农业供给侧结构性改革的要求。

应该看到，国际种业市场的形势已经发生了深刻变化。全球种子市场快速增长，全球化属性凸显。各大跨国种企通过改革、兼并、重组，将全球种业市场带入到寡头竞争的时代。跟上世界科技革命的步伐，深化种业体制改革，走出中国种业的“平台期”，打一场种业的翻身仗，是我们当前面临的重要历史任务。

四、种业是农业现代化的“芯片”

当前，全球新一轮科技革命和产业变革蓄势待发，信息技术、生物技术、新材料技术、新能源技术等广泛渗透到农业农村各领域，正引领农业产业技术变革升级、发展方式加快转型和产业格局深度调整。种业代表了一个国家农业核心竞争力的强弱，未来农业的竞争关键是种子的竞争，真正的粮食安全风险是育种技术的落后。国际百年种业发展史见图 1-11。

放眼世界，生物组学、基因编辑、合成生物学等现代生物技术已经引领了动植物新品种选育。大规模生物资源发掘利用技术正加速育种材料创新进程，系统生物学快速发展，为大规模动植物遗传多样性和种质资源评价、基因资源发掘和保存利用提供了理论与技术基础；功能基因组学*技术交叉融合、重要功能基因的发现等，促进了对优异基因资源的高效挖掘，细胞工程、染色体工程、基因克隆等技术正成为生物种质高效创新的主要

注 *（基于基因组序列信息，利用各种组学技术，在系统水平上将基因组序列与基因功能以及表型有机联系起来，最终揭示自然界中生物系统不同水平的功能的科学。——编者注）

途径。分子设计育种技术正在催生新一代“智能型”动植物新品种。植物质量性状的分子标记定位和分子标记辅助选择在理论上渐趋成熟，畜禽水产动物分子设计育种处于起步阶段，动物克隆技术和转基因动物有望进一步取得突破；全基因组选择技术、基因组编辑技术将使人类实现有史以来对动植物目标性状的定向或精准改造，育种速度更快、效率更高。设计培育集优质、高产、抗逆抗病虫、光温水肥资源高效利用、适宜全程机械化作业等于一体的“智能型”品种成为可能。大量前沿育种技术的运用不但会彻底改变种业，也会彻底改变世界竞争格局。

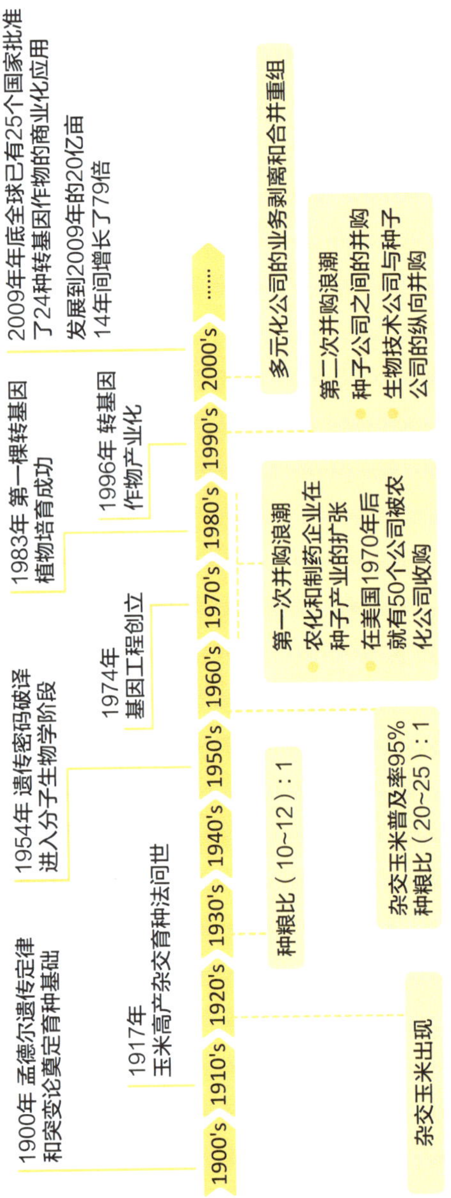

图 1-11　国际百年种业发展史

近年，我国种业科技进步明显，但自主创新水平与发达国家还有差距，特别是核心技术创新不足。

一是种质资源引进挖掘差距较大。我国农作物种质资源多来自国内，育种群体遗传基础狭窄，选择空间有限。我国畜禽遗传资源占全球的 1/6，但鉴定选育工作还处于起步阶段。

二是技术创新应用差距较大。跨国种业已进入“常规育种 + 生物技术 + 信息化”的育种“4.0 时代”，我国总体上仍处在以杂交选育为主的时代。基础理论和原始技术创新不足，基因编辑技术 17 个核心专利中，美国有 15 个、丹麦有 2 个，我国尚未取得突破。

三是商业化育种体系差距较大。农作物育种规模化组织化程度低，商业化育种体系不健全，品种筛选还做不到万里挑一，生猪、奶牛等畜禽品种多世代、高强度、持续规范的性能测定和选育体系亟待建立。

从种业发展的时代背景看，当前我国种业发展内外部环境正面临深刻变化。

一是推进农业农村现代化提出新要求。在加快构建新发展格局的进程中，立足国内保障国家粮食和重要农产品用种安全的要求更为迫切，对培育高产高效、绿色优质、节水节饲、宜机专用优良新品种的要求更高。

二是新一轮科技革命带来发展新机遇。世界种业正迎来以基因编辑、人工智能等技术融合发展为标志的新一轮科技革命。只有加快基因编辑、大数据等技术研发应用，才有可能实现种业跨越式发展。

三是国际环境日趋复杂情况下面临新挑战。种业发展的不稳定性和不确定性增加，育种核心技术创新的要求更为紧迫。

“十四五”时期，振兴民族种业，必须认真贯彻落实习近平总书记有关种业发展的重要指示和十九届五中全会精神，从保障国家粮食和重要农产品有效供给、全面推进乡村振兴出发，以推进高质量发展为主题，以改革创新为基本动力，强弱项、补短板，突破卡点，加强种质资源保护利用，强化种业科技支撑，支持企业做大做强，建设现代种业基地，提升监管治理能力，加快构建中国特色现代种业体系，为农业农村现代化建设及满足人民美好生活需要提供有力支撑。

第二章

种子竞争力的“世界版图”

“World map” of seed competitiveness

一、世界种业竞争力格局

种子是农业的芯片，是提高农作物产量和种植收益的核心因素。种子产业位于农业生产链条的最上端，是农业生产中最基本、最重要的生产环节。种子产业在欧美发达国家已有250多年的历史，是一个成熟的产业。种子行业产业链结构见图2-1。

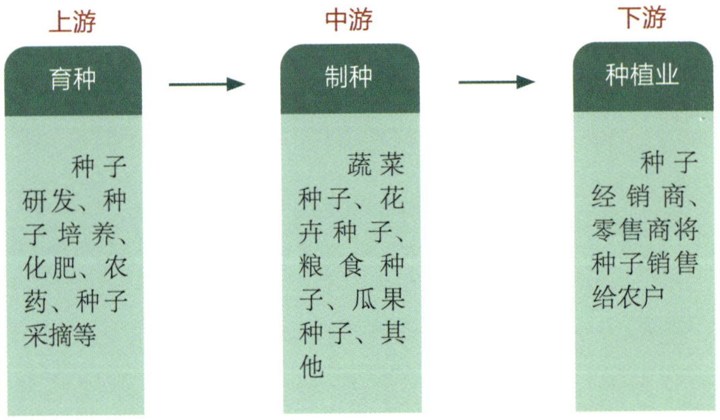

图2-1　种子行业产业链结构示意图

1. 全球种业市场概览

进入21世纪以来，全球种子市场规模整体呈现出稳定增长趋势，2015年全球种子市场规模曾小幅下滑，其后又逐步回升。根据调研机构Mordor Intelligence公司统计，2020年全球种子市值591.1亿美元，并以 6.7% 的复合年均增长率在不断增长，预计 2026 年将跃升至 868.6 亿美元，种业市场规模呈稳定增长态势。全球种业市场规模（2017 ~ 2026 年），见图 2-2。

图 2-2　全球种业市场规模（2017 ~ 2026 年）（数据来源：Mordor Intelligence）

从地区来看，北美是世界最大的种子市场。美国对谷物、油料作物和蔬菜的需求不断增长，这是种子市场的重要推动力。亚太地区是第二大市场，也是增长最快的区域，主要是印度和中国在水稻、玉米和蔬菜等主要农作物上采用高质量的杂交种并不断提高种子的替换率。例如，2018 年，印度杂交水稻播种面积为 310 万公顷，占印度水稻总面积的 7%。中国是全球主要的水稻生产国之一，近年，中国开始向其他国家出口水稻种子。2020 年，江苏省的一家种子公司向巴基斯坦出口了总计 500 吨的杂交水稻种子，以确保增加该国的粮食收成。此外，对动物饲料的需求增加已成为亚太地区玉米市场增长的主要动力。同时，家庭和食品服务行业对加工蔬菜的需求不断增加，这对蔬菜种子行业起到了促进作用。2020 年全球种子市场各地区增长速率见图 2-3。

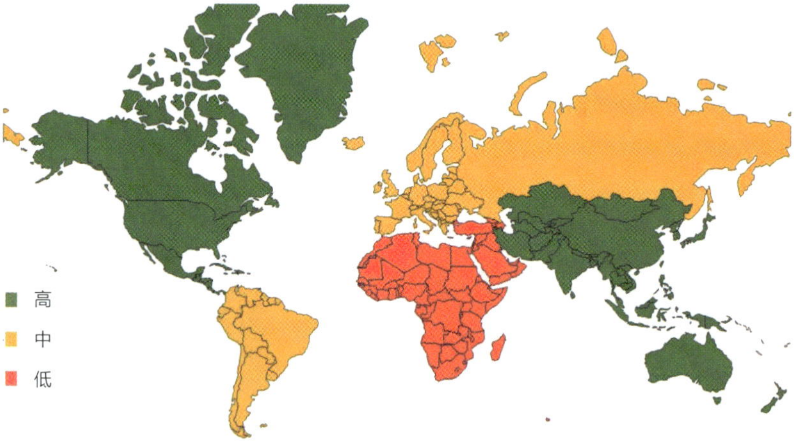

资料来源：Mordor Intelligence

图 2-3　2020 年全球种子市场各地区增长速率图

从国家来看，全球商品化种子市场呈现出明显的区域集中性特征，70% 以上的商品化种子市场集中在 20 个国家，其中美国市场规模约 158.3 亿美元，是全球第一大种子市场，市场规模高达 35%；其次是中国，市场规模占比 23%；法国和巴西市场规模占比均为 6% 左右。随着种子市场的发展，国家之间的种子、种质资源交流愈加频繁，育种研究、种子生产与营销供应的国际化趋势日益增强。

1999 年，我国仅与 67 个国家建立了种子贸易关系。随着我国种业的飞快发展，如今东南亚已经成为我国种业布局的目标市场。除此之外，我国也正在向中亚、非洲、南美洲以及欧美等地区发达国家积极进行布局，扩大我国的种业网络，种子出口目标市场国迅速增加。截至 2016 年年底，与我国建立种子贸易关系的国家和地区已经达到167个。2018年排名前10位国家或地区种子进出口额见表2-1。

表2-1　2018年排名前10位国家或地区种子进出口额（单位：百万美元）

序号	出口			进口		
	国家	出口额	占全球比例	国家	进口额	占全球比例
1	荷兰	2828	20.47%	荷兰	1196	9.18%
2	法国	1973	14.28%	美国	1085	8.33%
3	美国	1921	13.91%	法国	828	6.36%
4	德国	933	6.75%	德国	751	5.77%
5	丹麦	457	3.31%	西班牙	631	4.85%
6	匈牙利	453	3.28%	意大利	582	4.47%
7	意大利	369	2.67%	墨西哥	508	3.90%
8	智利	327	2.37%	俄罗斯	451	3.46%
9	罗马尼亚	317	2.30%	比利时	411	3.16%
10	加拿大	314	2.27%	中国	374	2.87%
*	中国	208	1.51%			

数据来源：国际种子联盟（ISF）数据

2018年我国农作物种子进出口量为3 579万千克，同比下降63.4%；进出口总额5.82亿美元，同比下降5.67%。进口大于出口，贸易逆差为1.66亿美元。其中，进口总量为880万千克，同比下降88.18%；进口额3.74亿美元，同比下降10.31%；出口总量为2 699万千克，同比增长15.74%；出口额2.08亿美元，同比增长4%。2014 ~ 2018年，我国农作物种子进口额呈现曲折递增的趋势，而出口额呈现逐年递减趋势。根据国际种子联盟（ISF）统计，截至2018年，中国的种子出口额和进口额分别约占全球的1.51%和2.87%，位列第15位和第10位。2014～2018年我国种子进出口额见图2-4。

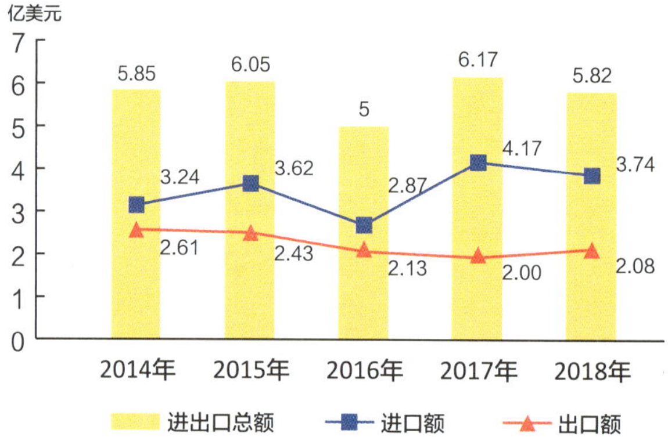

数据来源：国际种子联盟（ISF）数据

图2-4　2014～2018年我国种子进出口额

2. 种业竞争力国际比较

一个国家种业的整体竞争实力，决定了一个国家的种业和种子企业能否进入国际市场和在多大程度上占有国际市场。通过选择科技创新、显示比较优势和国际市场占有率等决定种业贸易市场竞争力的因素，再结合市场开放度和出口质量升级等社会经济指标，综合分析得出的种业国际竞争力指数，可基本反映国家种业在市场竞争中的实力与水平。

数据分析表明，种业国际竞争力指数排名前三位的国家依次是荷兰、美国和法国，中国种业的综合国际竞争力指数在国际排名第9位，与荷兰、德国及美国相比，市场开放度和国际市场占有率均有较大差距，但是与大多发展中国家尤其是和东南亚、非洲、中亚和南美洲国家相比有较为明显的优势，说明我国种业具有进入这些发展中国家的整体实力。主要国家种业竞争力指标及综合指数见表 2-2。

表 2-2 主要国家种业竞争力指标及综合指数

序号	国家	科技创新指数	显示性竞争比较优势指数	国际市场占有率	市场开放度	出口质量升级指数	综合指数
1	荷兰	0.93	0.86	1.00	0.76	0.02	0.74
2	美国	1.00	0.80	0.91	0.13	0.02	0.60
3	法国	0.32	0.89	0.93	0.28	0.02	0.49
4	德国	0.48	0.74	0.40	0.36	0.01	0.42
5	比利时	0.06	0.73	0.11	0.96	0.00	0.39
6	斯洛伐克	0.00	0.78	0.06	1.00	0.01	0.38
7	哥斯达黎加	0.01	0.78	0.00	0.00	1.00	0.33
8	立陶宛	0.00	0.77	0.02	0.76	0.00	0.32
9	中国	0.57	0.75	0.11	0.02	0.01	0.32
10	新加坡	0.00	0.75	0.00	0.73	0.01	0.31
11	爱沙尼亚	0.00	0.73	0.00	0.74	0.01	0.31
12	斯洛文尼亚	0.00	0.72	0.00	0.71	0.02	0.30

数据来源：2020 年《基于专利数据挖掘的全球生物技术育种技术及产业竞争态势分析》

3. 我国种业市场现状

自 2000 年《中华人民共和国种子法》（以下简称《种子法》）颁布实施以来，我国种业相关法律法规逐步健全，建立了较完善的种质资源保护、新品种保护、生产经营、种子检疫、种子储备等基本法律法规，给我国种业的快速、健康发展营造了良好的环境。据农业农村部数据显示，2018 年和 2019 年中国种业销售额分别为 706.34 亿元和 742.9 亿元。事实上，中国潜在的种业产业链市场规模已超千亿元，成为继美国之后的第二大国际种子市场。

中国虽然拥有世界上第二大种子市场，但在全球种子市场份额竞争中，得到的国外市场份额少，失去的国内市场份额多；出口市场主要集中在亚洲，而种子大额市场非洲和南美洲等占据的份额较少；参与竞争的优势品种缺乏，相对来说，目前蔬菜与水稻种子占有的市场份额较多，而全球种子市场需求旺盛的小麦、玉米、大豆等种子占据的市场份额较少。从整体来看，中国种业在国际市场份额竞争中处于弱势地位，不具有显著性比较优势，出口市场集中且品种类型单一，竞争力较弱但整体处于上升态势；种业品种除小麦、大豆外，水稻、玉米、油菜、向日葵、甜菜、棉花、草本花卉植物、瓜果、蔬菜及牧草等作物种子目前附加值均较高，中国种业种子产品具有质量竞争力且各类型种子质量上升趋势明显。

二、战略必争的“种子库”

1.“种子库”的起源与发展

种子库是种业竞争的基石。20世纪20年代，苏联著名植物学家尼可莱·瓦维洛夫（图2-5）意识到作物野生近缘种在未来农业中的重要性，他从全球50多个国家和地区收集了25万份作物及其近缘植物的标本和种子，建立起了世界上第一个种子库——瓦维洛夫种子库。从此，

图2-5　尼可莱·瓦维洛夫

拉开了世界各国通过种子库抢救性保护本国种子资源的序幕。目前，全世界已建成种子（质）库约有 1 750 座，共收集保存了 740 多万份种质资源，其中包括大量的珍稀濒危植物、地区特有植物、重要经济植物、重要农作物和重要农作物野生近缘种种子。它们减缓了植物灭绝的脚步，为人类未来的可持续发展赢得了机会。

专栏 2-1

瓦维洛夫种子库

瓦维洛夫种子库（Vavilov Seed Bank）是世界上最早的种子库（图 2-6），也称瓦维洛夫全俄植物栽培研究所，现命名为 FSBI 联邦研究中心全俄植物遗传资源研究所，是俄罗斯唯一从事世界植物遗传资源及其野生同族收集、研究和成活储存的科研机构，是世界级的植

图 2-6　瓦维洛夫种子库

物基因储备库。目前，瓦维洛夫种子库已收集保存了世界上 304 科 2 539 个品种 37 万份作物及其野生近缘种的种子。

2. “种子库”世界之最

（1）世界保存体系最健全的作物种子库。美国国家遗传资源保存中心（National Center for Genetic Resources Preservation，NCGRP）以其保存丰富的动物、植物和微生物资源而闻名于世，是世界上最早使用超低温技术、保存体系最健全的作物种子库，也是世界上第一座现代化种质库（图 2-7）。其前身是美国国家种子储藏研究室 (NSSL)，是美国农业部农业研究局（Agricultural Research Service，ARS）下属的一个研究所，位于美国科罗拉多州柯林斯堡市，建于 1958 年。其目标是保障美国的生物多样性安全，促进美国农业经济的可持续发展。截至 2010 年，美国国家遗传资源保存中心已成功保存了动植物和微生物资源 51 万多份，其中 82% 为种子，8% 为离体或组织培养材料。其中种子的保存方法为 -196℃ 的液氮保存和 -18℃ 低温冷库保存，是世

图 2-7　美国国家遗传资源保存中心

界上最早使用超低温技术的农作物基因库，成功保存了 217 科 2 376 属 14 842 种 568 390 份种质资源。

（2）世界最大野生植物种子库。英国千年种子库（Millennium Seed Bank）是世界上最大的野生植物种子库（图 2-8）。目前，世界上保存野生生物种质资源最多的是英国，英国皇家植物园邱园是世界上最早从事野生植物种子资源保存的机构。邱园种子库建于 1974 年，于 1997 年启动“千年种子库”项目，是集种子的收集、处理、保存、研究、培训、展示、国际交流为一体的综合性大型种子库。它坐落于伦敦附近的西萨克斯郡，建设总投资 8 000 万英镑。第一阶段目标是在 2009 年前收集和保存英国本土自然生长的全部 1 440 种植物种子，并保存全球 10% 的有花植物种子，即 2.42 万种植物种子。第二阶段目标是在 2020 年前与全球合作伙伴一起共同收集和保存全球 25% 的野生植物种子。截至 2018 年 10 月 1 日，千

图 2-8　英国千年种子库

年种子库里已保存了来自全球 189 个国家和地区的 353 科 5 992 属 39 777 种 90 155 份野生植物的种子，其中濒危植物为 4 666 种。

（3）世界最安全的农作物种子库。位于挪威的斯瓦尔巴全球种子库（Svalbard Global Vault）是全球最大的农作物种子库，建立在距离北极点约 1 300 千米的斯瓦尔巴群岛的斯匹次卑尔根岛上，在其永冻冰山深处（地下 120 米），温度常年维持在 −18 ℃。因其独特偏远的地理环境而远离天灾人祸，被称为当今世界上最安全的基因库（图 2-9）。这个种子库于 2008 年 2 月正式竣工并启用，占地面积约 1 000 平方米，包括约 100 米长的坚固隧道和 3 个储藏室，每个储藏室能够存储 150 万份种子样品，而每个样品保存约 500 粒种子。其目的是为全球 1 750 多个种子库和相关

图 2-9　斯瓦尔巴全球种子库

储存机构的农作物种子提供备份保存，防止这些种子库因战争、自然灾害等原因而导致其保存的种子资源意外丧失，以应对未来的粮食危机，更多地用于避免因种子库管理不善、事故、设备故障、削减经费和自然灾害中失去所保存的种子样品。截至 2015 年年初，斯瓦尔巴全球种子库已保存了来自美国、墨西哥、加拿大、菲律宾、肯尼亚等 100 多个国家和地区的小麦、玉米等农作物种子 4 000 种 84 万份。

3. 我国种子库建设现状

中国国家作物种质库（图 2-10）于 1986 年 10 月在中国农业科学院落成，总建筑面积为 3 200 平方米，由试验区、种子入库前处理操作区、储藏区三部分组成，保存了粮、棉、油、果、蔬、茶、糖、桑、草等 340 种作物种子，主要任务是对农作物、蔬菜、牧草等作物及其野生近缘植物种质资源进行长期战略保存。2015 年 4 月，经国家发展和改革委员会批复立项，新库于 2019 年 3 月开工建设。新库的总建筑面积为 21 000 平方米，将建设成集低温库、试管苗库、超低温库和 DNA 库为一体的 150 万份智能化保存设施（图

图 2-10　中国国家作物种质库内景

图 2-11　新国家作物种质库规划图

2-11)。随着二期扩建项目的推进，其库容量和种质保藏量有望成为世界第一，实现我国作物种质资源全覆盖并集中长期保存。截至 2020 年，我国作物种质资源长期保存总数量达到 52 万份，是目前世界上第二大的农作物种质库。

近年，我国农业种质资源保护与利用工作取得积极成效，但仍存在丧失风险加大、保护责任主体不清、开发利用不足等问题。为加强农业种质资源保护与利用工作，2019 年国务院出台了《关于加强农业种质资源保护与利用的意见》，进一步明确了农业种质资源保护的基础性、公益性定位，提出构建多层次收集保护、多元化开发利用和多渠道政策支持的新格局，完善农业种质资源分类分级保护名录，开展农业种质资源中长期安全保存，统筹布局种质资源长期库、复份库、中期库，为建设现代种业强国、保障国家粮食安全、实施乡村振兴战略奠定坚实基础。

三、“知识产权”与种业竞争力

农业竞争的核心在于种业科技的竞争，基础则在于优良品种的核心技术竞争。目前，种业创新能力主要表现为种业品种权、专利拥有量。农业知识产权保护制度对于种子产业产生了深远影响。对育种企业的知识产权保护有可能激励了种业的技术创新，但生物育种技术与制度的结合使得发达国家技术领先的种业公司利用技术垄断操控产业技术体系和产业链成为可能，导致国家之间在农业产业的竞争由产品竞争转为技术系统的竞争。为了在激烈的国际种子市场竞争中掌握主动，国际大型种业集团已逐渐将技术优势延伸到全球，在他国申请知识产权保护，加快海外品种权部署，以达到控制和垄断市场的目的，品种权、专利拥有量已逐渐成为衡量一个国家种业国际竞争力的有力标准。

植物新品种保护制度发展历史表明，育种技术和农业商业化是推动植物育种创新保护制度发展与变革的重要因素。美国、法国、德国、荷兰、英国等国家先后开始探索如何为当时语境下的“植物发明”提供法律保护，以激励育种创新活动。从国际实践发展来看，国际上植物新品种保护主要经历了三个不同阶段，即育种技术尚未完全获得科学证实的前《UPOV 公约》(《国际植物新品种保护联盟公约》) 时代、以选择和杂交为主的传统育种时代，以及生物技术与农产品全球贸易紧密结合的生物育种时代。

专栏 2-2

国际植物新品种保护联盟

国际植物新品种保护联盟，简称 UPOV（the International Union for the Protection of New Varieties of Plants），它是一个政府间的国际组织，总部设在日内瓦，是依据《国际植物新品种保护公约》(《UPOV 公约》) 建立的。《UPOV 公约》于 1961 年 11 月由比利时、法国、联邦德国、意大利和荷兰在巴黎签署。现有成员国 77 个。成员国根据《UPOV 公约》规定的原则，分别对植物新品种授予品种权。我国于 1999 年 4 月 23 日正式加入 UPOV，是第 39 个成员国。

1. 第一阶段：前《UPOV 公约》时代

在为植物发明提供法律保护的探索实践中，1930 年颁布的《美国植物专利法》是世界上第一个授予植物育种者以植物专利的立法，从法律上正式承认育种者的育种创新和工业领域的发明创造一样可以获得专门保护。在同时期的大西洋彼岸，一些欧洲国家也在积极探索如何为植物育种创新提供保护。例如，法国自 1883 年开始先后通过了《法国专科植物保护法》、实行检测和登记、颁布植物培育品种目录，以及登记与销售结合或登记与专利保护结合等形式对其进行保护。荷兰、德国、英国等也在探索中形成了一套不同于美国植物专利保护体系的、基本以法国相关做法为基础的植物育种创新保护机制。

通过近 30 年的探索，比利时、法国、联邦德国、荷兰、意大利、丹麦、英国和瑞典等欧洲国家于 1961 年签署《UPOV 公约》，选择在专利制度以外，创建专门的植物新品种保护制度。《UPOV 公约》于 1968 年 8 月 10 日经联邦德国批准后生效。《UPOV 公约》下的植物新品种保护制度，是一项起源于种子管理措施而后又独立于种子管理措施的知识产权保护制度，既充分考虑了植物育种技术和育种成果的特殊性，也充分考虑了育种创新激励的必要性。

2. 第二阶段：传统育种时代

20 世纪 60 年代以来，随着科学技术的迅速发展，尤其是由水稻、小麦的矮化和抗病虫育种所引领的“第一次绿色革命”，不仅极大地推动了世界农业的发展，而且有力地“促进了作物育种学的发展”，国际上为植物育种创新提供专门保护的需求日益强烈。自《UPOV 公约》缔结以来，《UPOV 公约》下的植物新品种保护制度成为当时主要先进国家用以保护植物育种创新的专门知识产权制度。《UPOV 公约》至今进行了三次修订：1972 年修订主要是针对财务、会费和理事会投票规则的程序性事项，1978 年和 1991 年则是两次具有实质性意义的修订。三次修订分别代表了在不同育种技术主导下《UPOV 公约》的发展阶段。

总的来说，UPOV1961/1972 和 UPOV1978 都属于以选择和杂交为主的传统育种技术下的植物新品种保护阶段。尽管在《UPOV 公约》缔结后的一段时间内，由于优良品种的选育及农药和农业机械的辅助，世界上主要农作物单产得到了极大的提高，育种创新成果也获得普遍认同，但对于如何保护植物育种创新成果的认识还处于初级阶段。

3. 第三阶段：生物技术与农产品全球贸易结合的生物育种时代

随着生物技术的研究与产业化在美国和欧洲的蓬勃兴起及农产品国际贸易的普遍化，UPOV1978 下的植物新品种保护制度面临前所未有的挑战。首先，专利保护客体范围的不断拓展挤压着植物新品种保护制度的生存空间。其次，植物新品种保护名录及品种权保护力度弱，保护名录的设置和品种权行使环节过少，某种程度上为跨国性的植物新品种侵权行为留下空间。再次，无法有效激励生物技术背景下的原始育种创新，难以阻止修饰性育种对原始品种的免费利用，潜在地使植物新品种保护制度丧失了激励原始育种创新的制度功能。

为此，UPOV 理事会于 1987 年着手修订公约，于 1991 年出台 UPOV1991。首先，UPOV1991 废除植物品种保护名录，要求成员为所有植物种或属提供保护，避免不同国家不同保护名录为跨国品种权侵权行为留下空间。其次，UPOV1991 进一步从分子生物学角度明确品种权保护的客体“植物品种”的含义，以及植物表型特征与特定基因型或基因型组合间的关联，强调植物品种所应具备的特异性、一致性和稳定性是基于某一特定基因型或基因型组合表达的特性而言的。这为实质性派生品种制度的引入奠定基础，体现了生物技术的发展与应用对植物新品种保护制度的深刻影响。再次，充分考虑农产品全球贸易的事实以及专利保护的优势，改革 UPOV1978 下的品种权（育种者权）权利结构，形成环环相扣、充分覆盖并保持开放的权利约束。此外，UPOV1991 还延长了品种权的保护期限，弱化了对农民留种权利的保护。至此，由欧洲国家创建的《UPOV 公约》几经修订，适应了生物技术和农产品全球贸易发展的要求，获得全球先进国家的普遍认同，成为植物育种领域不可缺少的知识产权保护形式。

根据 UPOV 官方数据统计，1984 ~ 2018 年年底 UPOV 品种权累计申请量接近 37 万。申请量排名前五的联盟成员分别是欧盟（64 840 件）、美国（40 758 件）、日本（32 561 件）、荷兰（30 919 件）和中国（30 233 件）。1984 ~ 2017 年年底 UPOV 品种权授权量接近 27 万。授权量排名前五的联盟成员分别是欧盟（50 392 件）、美国（35 198 件）、日本（27 319）、荷兰（22 671 件）和中国（13 419 件），我国品种权申请数量已然位居世界前列，但授权量与排名前一位的荷兰相比相差近 1/2，品种权质量及保护效率与品种权强国还有一定差距。从具有代表性国家和地区的品种权申请趋势来看，自 1984 年各国的申请量变化大多呈现“S”形，具有一定的波动性和周期性，品种权申请数量相对稳定，而中国自加入 UPOV 以来，增长态势十分迅猛，2017 年中国的品种权申请数量已超过欧盟，位居第一。主要国家和地区品种权申请趋势见图 2-12。

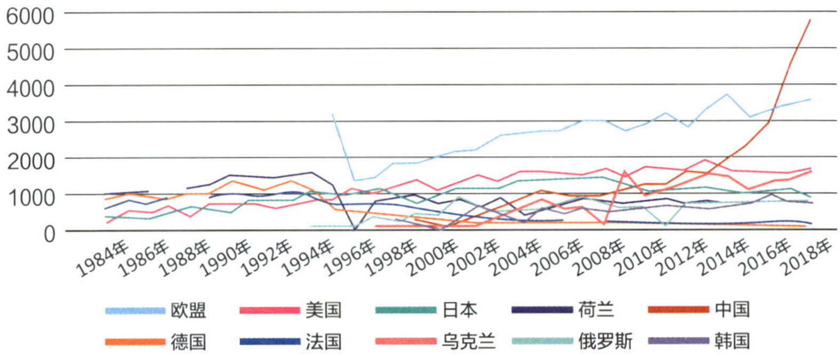

数据来源：UPOV 官方数据

图 2-12　主要国家和地区品种权申请趋势

此外，多数发达国家通过建立跨国种业公司的产业链和价值链控制，抢占种业发展先机和市场。如表 2-3 所示，跨国种业公司作为核心种业技术专利的拥有者，拜耳 / 孟山都、中国化工 / 先正达和杜邦先锋 / 陶氏的育种专利申请量占到全球育种专利申请量的近 14%，其中拜耳 / 孟山都的专利申请量占有绝对优势，而且当两家公司的合并案成功之后，拜耳 / 孟

表 2-3　跨国种业公司专利申请量

公司名称	申请量（件）	所占全球百分比（%）	申请量（2013～2017年）	所占公司百分比（%）
拜耳	74 825	5.71	8 808	11.77
孟山都	61 973	4.73	5 113	8.25
拜耳 / 孟山都	136 798	10.44	13 921	20.02
中国化工 / 先正达	24 980	1.91	7 363	29.48
杜邦先锋 / 陶氏	17 477	1.33	6 403	36.64
巴斯夫	7 642	0.58	1 866	24.42
瑞克斯旺	718	0.05	482	67.13
KWS	340	0.02	164	48.24
利马格兰	152	0.02	64	42.11

山都的专利申请量将占全球育种专利申请总量的10.43%，专利申请量全球领先。

因此，国际种业市场的竞争很大程度上是种业知识产权的竞争，我们应当不断提升种业科技创新能力，同时也要加大种业知识产权保护力度，加快种业知识产权成果的运用、转化，完善种业管理、监督体系，制定种业知识产权保护战略，并贯穿于从良种开发培育、种子资源保护、基因技术应用——“增值—推广—再投资”的整个过程中，有效提升种业综合竞争力。

第三章

抓紧跟上新一轮种业“科技革命”

Catch up with a new round of “scientific and technological revolution” in seed industry

一、中国种业自主创新之路

回顾新中国成立以来的种业发展历程，始终伴随着国家政策、市场形势、人民需求而变革。按照自主创新形式划分，中国种业发展可分为引进再创新阶段、集成创新阶段和原始创新阶段。中国种业创新发展历程见图3-1。

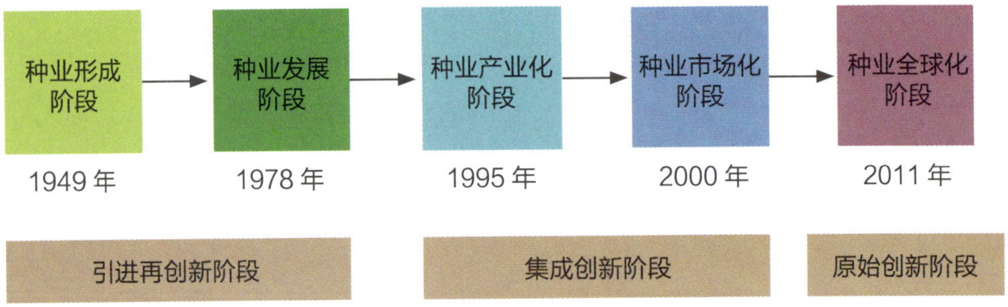

图 3-1　中国种业创新发展历程

1. 第一阶段：引进再创新阶段（1949 ~ 1995 年）

第一阶段细分为计划经济体制下的种业形成阶段（1949 ~ 1978 年）及计划经济和市场经济体制并行下的种业发展阶段（1978 ~ 1995 年）。

民族种业随着中华人民共和国的成立而起步发展，其中，《粮食作物良种普及计划实施方案》的颁布是中国种业发展的标志性事件。

专栏 3-1

五年良种普及计划

1950 年 2 月，农业部召开华北农业技术会议，制订了《五年良种普及计划（草案）》，要求广泛开展群众性选种运动，发现农家良种和农业科学研究单位培育的良种，就地繁殖，就地推广；华东农林部设立种子公司，山东、浙江、福建、湖南、江西、广东、陕西、宁夏分别成立种子公司，苏南、苏北、皖南、皖北成立种子分公司。

这一阶段国家实行计划经济体制，对种业的管理具有行政色彩，种子管理和生产经营体系建设已具规模，建立了种子管理制度，并在实施的过程中不断修订完善。实行家家种田、户户留种的管理方案，同时，1958 年 4 月的全国种子工作会议确定了农民进行自繁、自选、自留、自用并辅助调剂的方针。在人民公社体制下，国家逐渐建立起专门的种子繁育和管理部门，逐步形成以县良种繁育场为骨干、人民公社良种队（场）为桥梁、生产队为基础的三级繁育体系，全国范围内也陆续建立起种子机构。在这一阶段，农民自留种、换种的实践非常丰富，不仅培育了一批技术人才，保证了种子队伍的专业化，而且促进了良种的培育，提高了农作物单位面积产量，推动了当时中国的农业发展，促进了综合国力的提升。

中华人民共和国种子管理条例

《中华人民共和国种子管理条例》是为加强种子工作的管理，维护种子选育者、生产者、经营者和使用者的合法权益，保证种子质量，促进农业、林业的发展而制定的条例，于1989年3月13日由国务院发布。2000年12月1日《中华人民共和国种子法》施行（图3–2），《中华人民共和国种子管理条例》同时废止。

图3–2 《中华人民共和国种子法》文本

改革开放推动了中国市场经济的发展，在此期间国家对种业管理实行计划和市场并行的双轨体制，提升了民族种业的发展动力。《中华人民共和国种子管理条例农作物种子实施细则》规定：允许在全国范围内建立种子公司，并健全育种体系，加强种子的生产基地建设。同时，实行“品种布局区域化、种子生产专业化、加工机械化、质量标准化，以县为单位统一供种”的种子管理方针，为国家有关部门加强种子管理提供了支持和保障。取消蔬菜等非主要种子的计划管理而实行市场调节，标志着中国民族种业计划和市场并行的双轨制阶段提升到了一个新的发展水平。

2. 第二阶段：育繁推一体化的集成创新阶段（1995 ~ 2011 年）

这一阶段细分为种子工程推动下的种业产业化阶段（1995 ~ 2000 年）和种子法影响下的种业市场化阶段（2000 ~ 2011 年）。随着中国市场经济的快速发展，以实施种子工程为目标的种业产业化成为该阶段的主要特征。1996 年 4 月以来，《农作物种子生产经营管理暂行办法》等法律条例的颁布保护了新品种权，鼓励了植物新品种的开发和使用，促进了农林业的发展，进一步完善了中国种业管理法律条例，彰显了制度创新对技术创新及创新主体自主创新的保障和支撑作用。

专栏 3-2

“九五”种子工程

“八五”计划末，为推动种子的产业化进程，农业部在广泛深入调研的基础上，提出实施“九五”种子工程的新思路，即以强化种子加工包装设施建设为突破口，实现种子加工包装标牌商品化，通过提高种子商品化率带动良种选育、种子引繁、生产经营和管理系统建设，推进种子产业市场化进程，建立与社会主义市场经济相适应的种子产业化新体系。

1995 年 4 月 20 日，农业部成立了种子工作领导小组和种子产业化实施小组，负责种子产业化的规划和组织实施工作；同年 9 月，农业部在天津召开全国种子工作会议，这次会议明确提出启动种子工程。

1996年1月，《中共中央、国务院关于“九五”和今年农村工作的主要任务和政策措施》明确要求：各级政府要把实施种子工程作为依靠科技进步发展农业的一件大事，安排专项资金，组织专门力量，确保种子工程顺利实施；2月底，农业部完成《种子工程总体规划》和《九五种子工程项目建议书》的编制，并报国家计委；3月向国务院及有关部门报送了《关于实施种子工程总体情况的报告》；9月，国家计委印发《关于种子工程九五总体批复》，自此“九五”种子工程正式启动实施。

中国加入世界贸易组织（WTO）加速了市场化进程，国外孟山都、杜邦和先正达等种业公司相继进入中国，使中国民族种业发展面临严峻挑战。为提高国内种业的整体竞争力，政府对国内种企实施全面开放等政策，使国内种子企业如登海种业、隆平高科、敦煌种业等得到快速发展。2000年颁布实施的《中华人民共和国种子法》取消了国家对种子的行政管制，放开了种子的育繁推管理，使中国种业管理发展产生了根本性的变革并上升到国家法律高度，标志着中国种业真正开始走向市场化和产业化。相关法律制度的修订和完善，健全了中国种业经营管理制度，促进了种业市场的良性健康发展，提升了民族种业的竞争力。

3. 第三阶段：全球并购下的原始创新阶段（2011年至今）

这一阶段是创新驱动下的中国种业全球化发展阶段。随着经济全球化和跨国公司的进一步发展，中国种业市场份额逐渐被跨国种业公司挤占，民族种企发展困难。国家根据发展需要，提出自主创新谋发展，整合资源，对种企实行体制改革、兼并重组，并鼓励民族种企走出国门，占领国际市场，实行大集团化经营，提升民族种业的竞争力。鉴于此，中国化工集团对先正达以 94.7% 的股份收购完成，成为全球第三大种业公司；隆平高科对陶氏益农在巴西特定玉米种子业务进行收购，成为全球第九大种业公司。

这一时期，《关于印发全国现代农作物种业发展规划的通知》《关于加快推进现代农作物种业发展的意见》《关于深化种业体制改革提高创新能力的意见》等文件的发布，促进了管理制度的创新完善，也为中国种企的自主创新发展和技术创新提供了更加坚实的制度保障。

二、中国种业取得了历史性成就

新中国成立以来，特别是改革开放 40 多年来，中国种业从最初的引进创新走向现在的原始创新，取得了无愧于种业的历史性成就。

1. 科技创新

坚持种业基础理论夯实与前沿技术创新，在 DNA 定向筛选、品种定向改良及双、单倍体等分子育种技术上处于世界领先地位，对 1.5 万份农作物种质资源开展了精准鉴定，为育种水平提升打下了基础。我国农作物育种经历了优良农家品种筛选、常规育种、杂种优势利用、生物技术等发展阶段，水稻、小麦育种居世界领先水平，杂交玉米出现一批高产、抗病、抗倒品种。截至2018年，经过国家和省两级农作物品种审定委员会审定的农作物品种共3万多个。目前，我国农作物良种国产化率超过95%，畜禽核心种源自给率超过70%。良种在粮食增产和畜牧业发展中的贡献率分别达到45%和40%以上，与同期国际上40%的水平相当，为国家粮食安全和重要农产品供给提供了关键支撑。

专栏3-3

中国种业十大功勋人物

2014年，农业部牵头组织开展“中国种业十大功勋人物”推评活动，推选出改革开放以来，具有广泛行业代表性的10位功勋人物，

图3-3　袁隆平

他们都是在种业育、繁、推领域贡献突出、事迹感人、知名度高、具有首创精神的种业界杰出典型，分别为袁隆平、李振声、李登海、郭三堆、张海银、傅廷栋、方智远、谢华安、程相文、程顺和（图3-3 ~图 3-12）。

图 3-4　李振声

图 3-5　李登海

图 3-6　郭三堆

图 3-7　张海银

图 3-8 傅廷栋

图 3-9 方智远

图 3-10　谢华安

图 3-11　程相文

图 3-12　程顺和

2. 体制改革

科研体制从单一的科研单位研究到科研单位与企业研究共存，从单一的国有单位开展科研工作，到科企合作、民营机构独立开展科研等，种业协同创新体系不断完善。以 1978 年成立中国种子公司为标志，开启了我国种子经营体制改革的进程，从政、企合一到政、事、企、社逐步分开，从单一的国有经营到国有、民营、混合所有制多种形式并存，从单一的种子经销到育繁推一体化，种子经营体制改革逐步深化，种子市场化程度不断提高；管理上大力推进“放管服”改革，降低了市场主体入市门槛，放活了品种试验渠道，下放了部分行政审批权，简化审批手续，规范审批流程，加强对事中、事后的监管，优化服务方式，激发了企业与市场活力；种子行业协会与改革开放同频共振，伴随中国种业共同成长。目前，省级种子协会的脱钩改制工作已取得了阶段性成效，与政府的关系得到厘清，协会本身的活力开始显现。

专栏 3-4

中国种子公司

按照国务院要求，农林部于 1978 年 7 月率先成立了中国种子公司，各省（区）、地（市）、县种子机构也相继设立种子公司。公司与所在管理部门合署办公，行政、技术、经营“三位一体”。“一套人马、两块牌子、三位一体、四化一供”的种子工作新体系就此建立。

3. 对外开放

改革开放以来，我国种业坚持对外开放的政策，取得了一定的成绩。

一是引进了优良品种。从美国引进的纽荷尔系列脐橙品种产量占橙类总产量的 95%；20 世纪 70 年代从日本引进的红富士苹果，目前种植面积占苹果种植面积的 70% 以上；利用日本引进的育种材料培育的水稻品种空育 131，曾经是黑龙江省的主栽品种，种植面积达到 66.67 万多公顷。

二是引进了先进育种技术。如单倍体育种技术、SNP 检测技术、转基因技术、基因编辑技术等国际先进技术的引进，显著提高了我国育种创新能力。

三是引进了外资企业。自 20 世纪 80 年代孟山都率先在上海设立销售业务代表处以来，全球大型种子企业都已进入中国，顶峰时具有外资背景的企业达到 76 家。

四是引入了国际种业规则。1999 年我国加入国际植物新品种保护联盟（UPOV），20 多年来推动了我国植物新品种保护体系建设，加大了种业知识产权保护力度。

4. 法治建设

种业法规建设从无到有，从办法到条例再到法律，位阶不断提高，法律体系不断完善。目前，已形成了《种子法》《中华人民共和国植物新品种保护条例》《农业转基因生物安全管理条例》《植物检疫条例》《农作物种子生产经营许可管理办法》《主要农作物品种审定办法》等涵盖种子科研、生产经营、质量管理等产前、产中、产后管理全过程的 17 部配套的法律法规体系。同时，22 个省、区、市启动了地方性法规的编制、修订工作，其中山东、海南、四川、河北等地已经颁布实施。

在市场监管上，新的《种子法》的实施进一步强化了执法措施，加大了处罚范围和监管力度，农业农村部联合其他部门多措并举，形成了合力，提高了效率，制售假劣、套牌侵权等违法行为大幅减少，市场秩序明显好转，营商环境明显改善。种业相关法律法规见图 3-13。

图 3-13　种业相关法律法规

5. 企业发展

自 1978 年我国正式设立国有种子公司以来，种子企业经历了从无到有、从小到大、从弱到强和从专到优的历史变迁，目前，各类持证种子企业 7 200 多家，星罗棋布、遍及全国各乡镇的种子经销门店 69 万家。一个以骨干明星企业与区域特色企业互补发展为主体，由生产加工企业做产业服务，研发单位做技术支撑的现代种业体系正在形成。目前，全球种业十强中已有中国化工集团先正达和隆平高科两家中国企业。

三、新一轮种业“科技革命”正加速到来

20 世纪以来，全球种业科技先后经历了分别以矮秆化、杂交化、生物技术为特征的三次技术革命。当前，世界范围内以“生物技术 + 信息化”为特征的第四次种业“科技革命”，推动种业研发、生产、经营和管理发生着深刻变革，推动种业科技迈向 4.0 时代，育种定向改良更加便捷，育种效率几何级增长，育种由随机朝定向、可设计转变，品种“按需定制”正在成为现实。多学科支撑育种 4.0 见图 3-14。

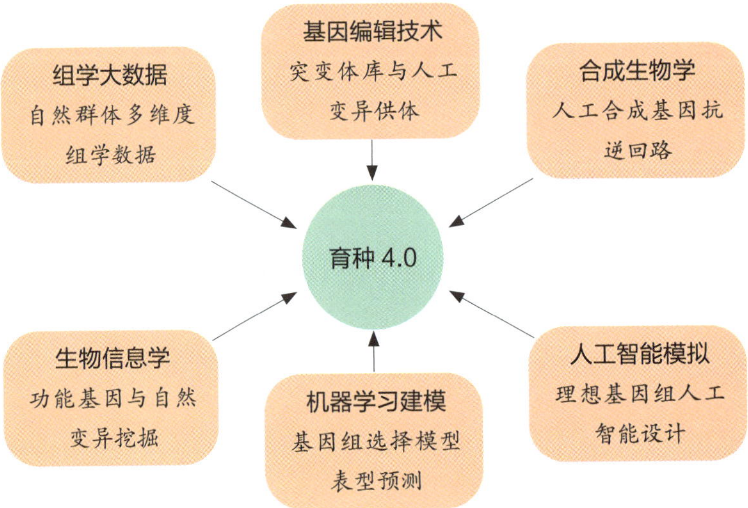

图 3-14　多学科支撑育种 4.0

专栏 3-4

种业发展的四个阶段

1.0 时代：农家育种。农家育种主要依赖对作物表型变异的肉眼观察，凭借耕作者的经验和主观判断，筛选具有符合农业生产所需要的产量、品质与农艺性状的育种材料。该阶段主要是耕作者选育具有广泛表型变异的地方农家品种，为现代栽培品种的培育奠定了遗传资源基础。

2.0 时代：杂交育种。杂交育种始于 19 世纪末，伴随着人类对生物遗传规律的认识，以及田间统计学、数量遗传学在育种中的应用，由职业育种家通过预先设计杂交育种试验，选育现代栽培品种。以 1926 年先锋公司杂交玉米种为标志，玉米杂种优势和双杂交种在商业化上应用突出的表现带动了杂种优势在水稻、高粱、油菜、棉花等其他作物上的运用。

3.0 时代：分子育种。分子育种贯穿 20 世纪末至今，伴随现代分子生物学与基因工程的发展，采用分子标记辅助选择及转基因技术的手段，实现单一目标性状的导入与修饰。同时，基于连锁群体的功能基因克隆、自然群体的全基因组关联分析、复杂农艺性状的基因功能解析等研究领域发展迅猛，加深了人类对作物基因组及基因功能的认识。此外，各类高通量测序与芯片平台的发展使全基因组选择辅助育种技术在作物育种中逐步应用起来，现代育种技术达到新的高潮。

4.0 时代："生物技术 + 人工智能 + 大数据信息技术"育种。"生物技术 + 人工智能 + 大数据信息技术"育种是指伴随人类社会步入互联网、大数据、人工智能"三位一体"时代而提出的革命性育种理念，强调生命科学、信息科学与育种科学的深度融合。以农作物基因型、表型、环境型大数据为核心基础，通过基因编辑、合成生物、人工智能技术，在实验室设计培育出一种适合特定地理区域和环境下的品系品种。

1. 现代生物技术

（1）生物组学。生物组学是以一系列新技术、新方法为基础，系统研究农业生物生命活动规律的新兴交叉学科。该学科继承了经典遗传学、数量遗传学、分子生物学和发育生物学等的科学思想和研究方法，系统研究农业生物生命活动，解决农业生产应用中的生物学问题，通过发展一系列新型高通量分析手段，建立相关研究平台，深入揭示控制各种重要农艺性状的生物学机制，为农业动植物的遗传改良提供基因资源和技术途径。农业生物组学主要包括基因组学、功能基因组学、代谢组学和蛋白质组学等研究领域。

（2）合成生物学。作为一个新兴领域，合成生物学已经在人类健康和环境保护领域有较为广泛的应用。合成生物学的原理不是单一基因的插入或删除，而是涉及整个相互作用的遗传网络、基因组和整个生物体，并且可以产生复杂的多基因构建体，如生物途径和完整基因组。相较于传统基因工程，合成生物学更加注重标准化、模块化，不再局限于对细胞内源固有功能的重现和轻度改造，其目的在于构建新的生物系统。

（3）分子标记辅助选择。分子标记辅助选择是指利用分子生物学手段，在传统育种程序中直接对目标基因或与目标基因紧密连锁的分子标记的基因型进行分子选择；或在回交、多重回交过程中，对多个目标基因型进行分子选择，实现基因聚合、基因渗入。通过前景选择和背景选择，获得目标基因型纯合、遗传背景一致、综合农艺性状优良的品系。分子育种技术见图 3-15。

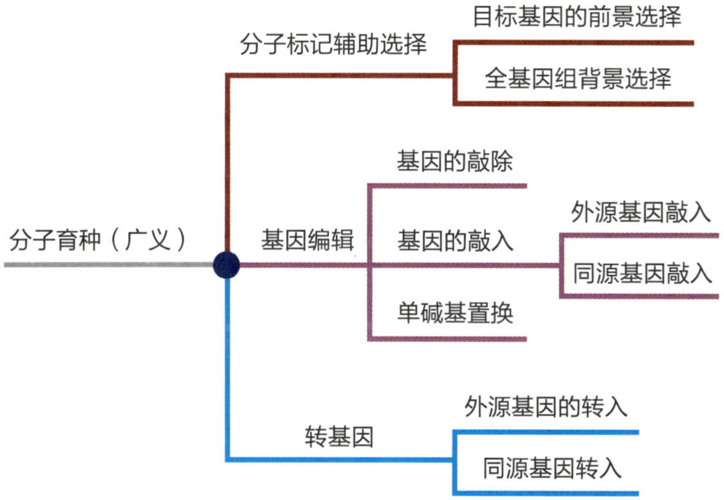

图 3-15　分子育种技术

（4）全基因组选择技术。全基因组选择技术是分子标记辅助选择的延伸，是近年来动、植物分子育种的全新策略，已成为分子技术育种的热点和趋势。全基因组选择以连锁不平衡理论为基础，相比于分子标记辅助选择依赖于数量性状座位（QTL）定位的准确性及其附近标记，仅选用少量分子标记预测少量的 QTL 效应，全基因组选择采用覆盖整个基因组的分子标记来捕获整个基因组上的变异并对育种值进行有效预测。

（5）基因编辑技术。作为一种基因工程技术，基因编辑可对生物体特定的基因进行修饰，包括基因敲除、基因插入、基因替换，实现基因修复及调控基因的表达等。目前以 CRISPR 为代表的基因编辑技转基因技术最具热点，被广泛运用在动植物的基因功能调控等方面。

专栏 3-5

基因编辑技术获得诺贝尔化学奖

2020 年，诺贝尔化学奖由法国科学家埃马纽埃尔·卡彭蒂耶（Emmanuelle Charpentier）和美国科学家詹妮弗·杜德纳（Jennifer A.

图 3-16　埃马纽埃尔·卡彭蒂耶（右）和詹妮弗·杜德纳（左）

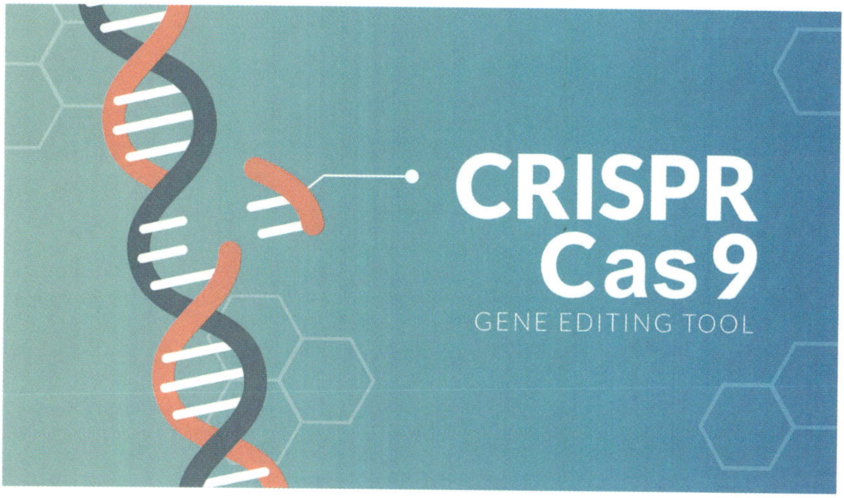

图 3-17　基因编辑方法，命名为 CRISPR Cas9

Doudna）获得（图 3-16），以表彰她们“开发出一种基因组编辑方法”。

2013 年，杜德纳与卡彭蒂耶共同研究出一种非常简单的基因编辑方法，命名为 CRISPR Cas9，使得基因编辑就像编辑文档那样简单，而且在几乎所有物种的细胞 DNA 上都能实现（图 3-17）。

（6）转基因技术。转基因技术是现代农业生物技术的核心组成，利用 DNA 重组、转化等技术将特定的外源目的基因转移到受体基因中，并使之产生可预期的、定向的遗传改变，从而改善生物原有的性状或赋予其新的优良性状。转基因技术可以说是“人类历史上应用最为迅速的重大技术之一”。

2. 人工智能辅助育种

人工智能辅助育种是用人工智能模拟的方法，为某一育种群体材料人工设计聚合了所有优势基因，具有“理想基因型”的虚拟基因组，再用机器学习模型预测虚拟亲本基因组与测试亲本基因组组配产生的杂交后代的“理想表型”。所谓“理想表型”，是指该育种群体所能创造的杂种后代性状的理论上限，是该育种群体的杂种优势利用的潜力极限。根据智能设计的理想基因型，建立亲本自交系创制方案和杂交育种方案，快速逼近杂交后代的“理想表型”。

3. 大数据信息技术

（1）基因型大数据。基因型大数据是指通过 SNP 芯片、第二代测序技术、第三代测序技术等不同通量的检测手段，对已知农作物株型、产量、抗逆性等性状相关的重要基因位点和分子标记，或基因组全部变异位点的基因型进行检测。

专栏 3-6

高通量检测技术

SNP 芯片：是利用核酸杂交原理建立起来的一种高度集成化、并行化、多样化和自动化的 SNP 检测技术。单核苷酸多态性（SNP）是指基因组 DNA 中某一特定核苷酸位置上发生转换、颠换、插入或缺失等变化，而且任何一种等位基因在群体中的频率不小于 1%。

SNP 具有数量多、分布广、稳定遗传等特点（图 3-18）。

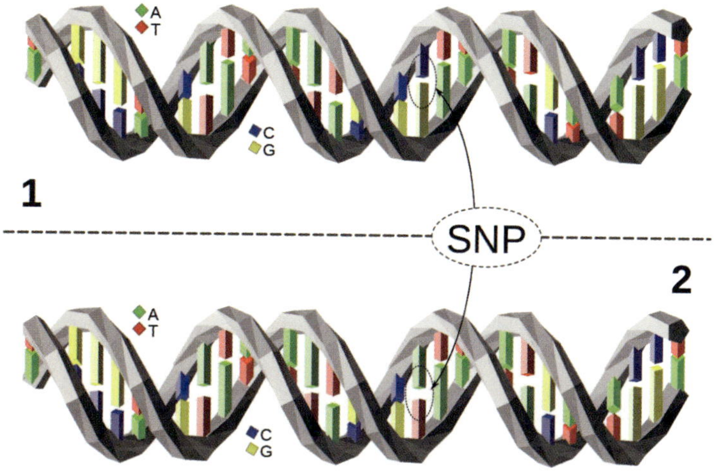

图 3-18 SNP 检测技术

第二代测序技术：又称“下一代”测序技术，以能一次并行对几十万到几百万条 DNA 分子进行序列测定和一般读长较短等为标志。同时高通量测序使得对一个物种的转录组和基因组进行细致全貌的分析成为可能，所以又被称为深度测序。

第三代测序技术：是指单分子测序技术。DNA 测序时，不需要经过 PCR 扩增，实现了对每一条 DNA 分子的单独测序。第三代测序技术也叫从头测序技术，即单分子实时 DNA 测序。其应用在基因组测序、甲基化研究、突变鉴定（SNP 检测）这三个方面。

（2）表型大数据。表型大数据是指利用环境传感、无损成像、光谱分析、机器人技术、机器视觉、激光雷达和理化分析等技术对农作物表型信息进行智能化测定，区别于传统上用眼、笔、纸的人工测定方法。20 世纪 90 年代的自动化高通量表型数据测定技术的发展突飞猛进，表型数据收集基本已经进入数字化阶段。室外主要以卫星、飞机、高密度摄像仪、高空摄

图 3-19　LemnaTec 温室型高通量植物 3D 成像系统

像机、地面小型机器人、红外仪、紫外仪等；室内主要通过多方位和多光谱自动照相技术采集相关数据，以德国 LemnaTec®（全球最大的室内室外型植物表型系统，见图 3-19）和原杜邦－陶氏化学的 FAST-CORN® 为代表。

（3）环境型大数据。环境型大数据是指对农业环境数据的检测，主要包括地上部分的数据，主要内容为温度、相对湿度、降雨量、降雪量、日长、日照强度等；地表的数据主要为病菌、生理小种、群体、分布等；昆虫数据包括生物型、群体、分布等；杂草数据包括类型、群体、分布等；地下部分的数据包括土壤特性，以及土壤类型、结构、肥力、水分等；土壤微生物数据包括类型、群体、分布等。

由近现代的杂交育种、杂种优势育种到分子育种，到正在孕育发展中的种业 4.0 时代，育种技术越来越依赖于多项科技的融合发展，育种的遗传增益也越来越高。目前我国大部分作物育种仍然处在 2.0 时代，仅少部分作物处于 2.0 时代向 3.0 时代的转变阶段，而世界种业巨头凭借着雄厚的资本、先进的技术基础等优势，已加速朝 4.0 时代迈进。我国面临着种业技术全面革新、国际跨国种业垄断、种业产业对外依存度高的威胁，这给我国作物育种带来新的挑战，育种科技亟须革命性改变。

总体上，我国种业自主创新确实与发达国家有差距，一些品种、领域和环节，如果出现极端断供情况，虽然不会“一卡就死”，但确实会影响农业发展的质量、效益、竞争力。中国必须跟上世界新一轮“科技革命”的步伐，紧抓全球新一轮科技革命和产业革命迭代的机遇，利用在 5G、大数据、人工智能技术上的优势，整合和引导科技资源及人才向精准育种技术靠拢，加快原始创新，抢占种业技术制高点，确保我国种业具有持续竞争力，保障我国粮食安全、食品安全和生态安全。

第四章

世界种业并购浪潮与种业巨头崛起

The wave of merger and acquisition of seed industry in the world and the rise of seed giants

一、世界种业并购浪潮

1. 三次并购浪潮

从种业发展史上看，世界种业共经历了三次并购浪潮。

（1）第一次并购浪潮（1996 ~ 2000 年）：主要以纵向并购为主，实现了种子与农药的结合。1996 ~ 2000 年的并购主要是大型农化集团对种业的并购整合，主要驱动因素是转基因抗除草剂大豆、抗虫抗除草剂玉米和抗虫棉等科技进步成果的应用，要求种子与专用农药相结合。本次并购浪潮主要以孟山都为代表。1996 年起，以农业化学和食品为主业的孟山都公司收购了以培育玉米、大豆种子为主业的迪卡 (Dekalb) 公司和霍登 (Holden) 公司，重组了嘉吉 (Cargi11) 公司和阿斯尧 (Asgrow) 公司，通过兼并收购重组不断扩大规模。同一时期，以生物化学为主业的杜邦 (Dupont) 公司完成了对先锋的兼并，迅速上升至种业公司前列；诺华公司将其农业技术部门与阿斯特拉捷尼康 (Astra Zeneca) 农药公司联手，创建了先正达 (Syngenta) 农业有限公司。

1996 ~ 2000 年，世界大型种子企业的销售额持续增加，种子企业十强重新洗牌，杜邦、孟山都、先正达、利马格兰四强地位已经奠定。杜邦、孟山都在主要农作物玉米、大豆等领域相互竞争，先正达、利马格兰在蔬菜、花卉种子市场中相互竞争。世界种子企业的兼并历史见表 4-1。

表 4-1 世界种子企业的兼并历史

世界 10 强企业	年份	种业巨头兼并举措和并购、合作对象	主要业务
美国杜邦－先锋种子公司	1997 年	以 17 亿美元获得先锋杂种公司 20% 的股份	玉米、大豆
	1997 年	以 12 亿美元收购雷登基础种子公司	
	1999 年	以 77 亿美元获得先锋杂种公司 80% 的股份	
美国孟山都公司	1998 年	以 37 亿美元收购迪卡公司 以 14 亿美元获得嘉吉国际种子子公司	玉米、大豆、棉花
瑞士先正达种子有限公司	1999 年	瑞士诺华与 Asglo-Swedish AstraZeneca 合并，包括农化、种子业务，但不包括 AstraZeneca 在埃德凡塔 50% 的股份	蔬菜、花卉
法国利马格兰集团	2000 年	与德国 KWS 公司合并北美的棉花和大豆种子业务，组建大湖杂交种子和利马格兰集团基因公司	蔬菜、玉米
美国圣尼斯有限公司	2000 年	收购美国的皮托公司、阿斯格罗和韩国的兴农公司	瓜果、蔬菜
荷兰－英国埃德凡塔有限公司	1996 年	荷兰 Royal VanderHave 和英国的 Zenca Seeds 合并	油菜、向日葵
美国道化工	1998 年	收购 Mycogen	玉米、高粱、大豆
	2000 年	收购嘉吉北美杂交种子分公司	
德国卡韦埃斯种子股份有限公司	2000 年	与利马格兰合并在北美的棉花和大豆业务，组建大湖杂交种子和利马格兰种子基因公司	蔬菜
英国德尔塔－松土地公司	2000 年	Delta 与 Pine Land 合并	棉花
德国一法国	1999 年	151 Hoechast A/G= 国 Rhone Poulence 合并而成，且拥有卡韦埃斯 12% 的股份	蔬菜

（2）第二次并购浪潮（2004 ~ 2008 年）：主要以横向并购为主，实现了不同种子作物之间的互补。在 2000 年前后，农业生物技术行业遭遇了行业的低谷，在其商业化的过程中受到了欧洲和日本消费者的抵制，在美国的市场发展速度减缓。经历了 3 ~ 4 年时间，欧洲和日本开始逐渐接受转基因农产品。种子行业从 2004 年逐渐走出低谷，并开始进入第二轮并购浪潮。

在第二轮并购浪潮中，国际农化巨头混合兼并重组，并购标的由玉米、大豆种子企业向棉花、蔬菜水果等种子企业拓展。2004 年孟山都成立美国种子公司 (ASI) 负责玉米和大豆种子产品，收购 Channel Bio 和 3 个种子品牌；2005 年孟山都以 1.4 亿美元收购了全球领先的蔬菜和水果种子公司圣尼斯，并收购紧急遗传学 NexGen 棉花品牌和 Stoneville 公司的棉花业务；2007 年以 1.5 亿美元完成岱字棉公司的收购整合；2008 年以 5.46 亿欧元购买瑞特种子公司。2004 ~ 2008 年，杜邦也做了小规模的并购，先正达完成了其另外一半的并购；拜耳、巴斯夫和陶氏分别做了一些生物技术和种子公司的并购。世界种业形成了以农化集团为基础的六大集团——孟山都、杜邦、先正达、拜耳、陶氏、巴斯夫。此外，还有两个独立的种子公司，分别是德国的 KWS 和法国的利马格兰。

（3）第三次并购浪潮（2015 ~ 2018 年）：主要是跨国资本推动，实现了农化巨头之间的资源整合。在全球农产品价格下跌背景下，2014 ~ 2016 年农化公司效益下滑，农化巨头之间通过并购来获取规模效益。2015 年 12 月，陶氏和杜邦宣布通过对等合并的方式成立一个 1 300 亿美元的公司陶氏杜邦；2016 年 2 月，中国化工宣布以 430 亿美元的对价收购先正达；2016 年 9 月，孟山都接受拜耳价值 660 亿美元的收购要约。本次并购是跨国集团间的兼并重组，涉及金额巨大。

2018 年，伴随着全球农化巨头的合并，种子业务也纷纷整合，行业集中度进一步提升。拜耳收购了孟山都；陶氏与杜邦合并，陶氏杜邦分离的农业业务部门科迪华于 2019 年 6 月在纽约证券交易所独立上市；中国化工集团公司收购先正达；巴斯夫完全接管了拜耳的种子业务。从市场份额来看，拜耳、科迪华处于领先位置，其销售总额占全球种子行业总销售额的 50% 左右；先正达、巴斯夫分别占比 8% 和 5%。

2. 当前世界种业格局

通过三次并购潮，塑造了今天的种业竞争格局。

（1）拜耳 + 孟山都：强强联手打造世界一流种业公司。孟山都公司创建于 1901 年，最初是一家化学公司，最开始从事糖精的生产和销售业务，后来逐步拓展到农业、生物科技和制药领域。历经多次收购、兼并和分拆之后，孟山都公司聚焦于农业业务，并且根据自身发展需要对全球种业领域公司进行收购。

孟山都于 1981 年将生物技术确定为公司的战略研究核心。乘着全球转基因科学发展的东风，孟山都科学家于 1982 年首次在基因上改变了植物细胞。依靠兼并收购，孟山都向种业生产研发领域大举迈进。通过多次并购重组，孟山都种子集团获得包括大豆、玉米、小麦、棉花、蔬菜与水果等多种农产品种子的研发、生产与销售能力，占据美国本土 60% 的玉米和大豆种子市场，其中转基因玉米种子市场份额在 80% 以上，转基因大豆与棉花种子市场份额在 90% 以上，确立了其在世界种子市场的影响力。

作为全球最大的种子公司，孟山都非常重视科研投入。孟山都每年的研发投入占营业收入的比重为 9% ~ 12%，如 2017 年孟山都研发费用共计 16.07 亿美元，占营业收入的比重为 11%。持续投入保障了孟山都公司的创新，使之成为世界育种技术的领先代表。

2018 年 6 月，拜耳完成了对孟山都的收购，并将旗下原有种子业务剥离给了巴斯夫，这标志着全球农业史上空前的收购已经完成，拥有 117 年历史的孟山都品牌正式从全球种子行业中撤出分割。伴随着收购的完成，拜耳的作物科学收入总和由 2017 年的 105.56 亿美元增长至 2018 年的 157.24 亿美元；从细分产品来看，玉米种子和大豆种子的收入情况均有显著提升，除草剂业务板块也有大幅增长。

（2）陶氏 + 杜邦：实现农化业务的深度结合。杜邦先锋 1926 年成立，种子业务遍及全球 90 个国家和地区。与孟山都兼并重组的扩张方式不同，杜邦先锋公司主要通过定制协议，获得自身没有的种质资源，进而扩大业务范围。2017 年杜邦先锋种子业务销售额近 68.07 亿美元，是世界第一大玉米种子公司。

2019 年 6 月 3 日，科迪华宣布完成从陶氏杜邦公司的拆分，独立上市成为专注于农业科技的公司，业务覆盖种子和农作物保护两大市场领域。科迪华结合了杜邦的种子业务与陶氏的化学产品和生物技术部门，业务范围覆盖全球 130 多个国家和地区，并设立了 150 多个研发机构。2018 年，科迪华净销售额为 142.87 亿美元，其中种子业务收入 78.42 亿美元，占比 55%；植保业务收入 64.45 亿美元，占比 45%。

科迪华通过多品牌、多渠道的种子战略整合现有品牌，实现业务拓展。具体而言，现有品牌主要分为三个部分：①全球品牌旗舰先锋；②本地品牌；③一站式种子和化学零售，如植物素、霉菌种子等。

（3）中国化工＋先正达：实现业务的协同互补。先正达公司诞生于兼并重组浪潮中，同孟山都相似，先正达主要是通过兼并企业实现市场扩张，但是其兼并目标多以中小型企业为主。经过并购重组，一方面有效地提升先正达种子市场份额，另一方面也使先正达获得更多种质资源，扩大了种子产品的组合空间。

先正达目前是全球第一大植保公司和第三大种子公司。2016 年 2 月，中国化工发布 430 亿美元收购美国先正达公司公告，2017 年 6 月伴随着交割的完成，中国化工获得了先正达公司 98% 的股份。中国化工与先正达具有很强的互补性：先正达是全球最具实力的专利药生产商，通过收购先正达，中国化工拥有了一个完整的农药产业链；此外，先正达的种子业务可以弥补中国化工的空白，也符合世界农化与种子结合的潮流。

2018 年先正达的销售额为 135 亿美元。其中植保业务和种子业务是公司的主要营业收入来源，植保业务销售额为 104 亿美元，占比 76%；种子销售额为 30 亿美元，占比 22%。先正达种子主要包括玉米、大豆、大田作物（麦类、甜菜、油菜等）和蔬菜、其中玉米和大豆销售收入占比约 56%，是最主要的种子品类。2018 年，先正达种子业务实现 6.3% 的同比增长率，主要得益于东欧向日葵种子和玉米种子的销售增长及全球蔬菜种子业务的良好表现。

（4）巴斯夫：接手拜耳种子业务。2017 年 10 月，巴斯夫与拜耳签署协议，收购拜耳的种子和除草剂业务，主要包括油菜（北美洲）、油菜（主要是欧洲）、棉花（美国和欧洲）和大豆（美洲）。2018 年随着交割的完成，巴斯夫正式进入全球种子领域。巴斯夫在 2018 年整合了拜耳的种子业务之后，实现了超过 20 亿美元的销售额。国际农化巨头之间整合重组见图 4-1。

图 4-1　国际农化巨头之间整合重组

二、种业巨头崛起之谜

1. 成本高昂，强者恒强

行业特性决定了种业集中化趋势。种业存在两大成本，一是高昂的研发投入，二是巨大的法律成本。据 Phillips McDougall 调查，引入一个新的转基因性状的平均研发和法律成本合计为 1.36 亿美元，其中为了满足监管而需付出的法律成本占比为 26%。种子的研发和法律成本见图 4-2。

	基因获取	表达载体优化	遗传转化和筛选	渐渗育种和实验	合规评估和分析	注册和法律成本	合计
成本（百万美元）	31.0	28.6	13.6	28.0	17.9	17.2	136.0
历时（月）	53.9	27.0	30.0	37.2	37.2	48.8	234.1

数据来源：Phillips McDougail，广发证券发展研究中心

图 4-2　种子的研发和法律成本

一方面，在昂贵的进入壁垒前面，小企业难以为继；另一方面，原始投入资金大、研发周期长的产业特点意味着厂商长期平均成本曲线最低点对应的经营规模大于一般行业。

寻求研发和法律成本的规模经济和范围经济成为收回投资成本的最优解，规模化和多元化是全球种业巨头的核心发展逻辑。

2. 技术垄断，市场寡占

由于种业巨头拥有雄厚的资金实力、超前及领先的国际育种技术，因此能够通过技术垄断操控市场。在孟山都被拜耳收购之前，全世界几乎所有的转基因种子都使用孟山都公司的专利，孟山都公司的种子业务始终保持较高的盈利水平，呈现出寡头垄断状态。

在很长一段时间里，绝大部分的生产国都要向孟山都购买种子，并且必须签署同意不能用自留种用于来年播种的合同。由于其种子业务龙头产品都是为其主打农药产品量身打造的，保证了农药业务稳定增长。转基因

技术推动了国际农化巨头价值链的重构，孟山都、杜邦和先正达等农化巨头依托农药与种子的充分结合，不断壮大种子研发能力，随后它们逐步实现种子、农药、化肥、农服等上下游产业的整合，实现跨越式发展。

根据 Phillips McDougall 估计的市场规模和主要企业最新年度种子收入规模，2017 年孟山都、陶氏杜邦 (DowDupont) 和先正达的市场占有率分别为 28.5%、21.5% 和 7.4%，CR3（业务规模前三名的公司所占的市场份额）合计约 57.4%。

据 ETC group 的数据显示，国际市场大约 50% 的大豆市场和 65% 的玉米市场都被世界前三大种业公司所占有。兼并重组是跨国种子公司近年来快速发展壮大的原因之一。

2017 年，中国企业隆平高科首次进入全球十强，实现营业收入 31.9 亿元，但全球市场份额不足 1%。2017 年全球种业十强见图 4-3。

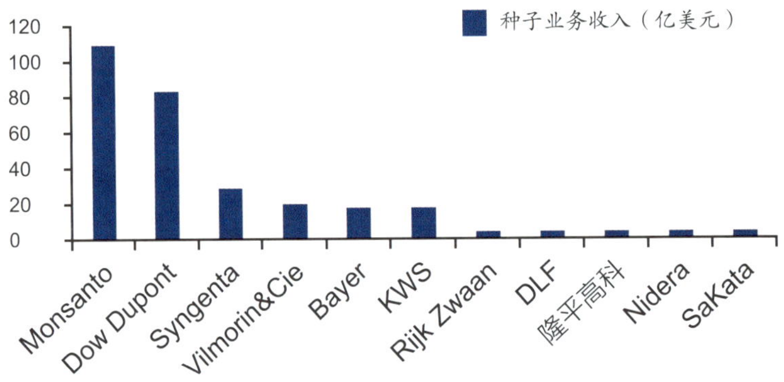

数据来源：公司公告，广发证券发展研究中心

图 4-3　2017 年全球种业十强

3. 强强联手，兼并整合

国际种业巨头的发展就是一篇兼并整合史。全球种业的发展史经历了政府主导、立法过度、垄断经营、种业全球化四个阶段。尤其在第四个阶段，全球种业开始进入兼并整合格局。

纵观世界种业发展的大势，一个突出特点是通过并购整合不断重塑价值链体系。自 1990 年以来，全球种业已进入全球化发展时期，高新技术、资本流入已成为行业发展的核心因素，兼并重组不断加快，市场集中度不断提升，寡头垄断的格局已然呈现。1997 年，孟山都率先破局，进行的大规模并购活动激发了全球种业的并购浪潮。2018 年，拜耳收购孟山都，从此全球种业形成了以拜耳 + 孟山都、陶氏 + 杜邦、中国化工 + 先正达为核心的“三国鼎立”局面。种业巨头成长轨迹见图 4-4。

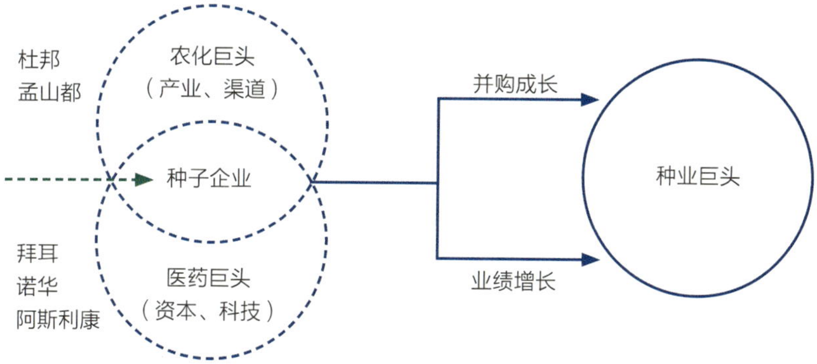

数据来源：天风证券研究所

图 4-4 种业巨头成长轨迹

三、世界种业发展的主要经验

发达国家种业发展的早期，由于公司实力较弱，而且国家没有品种保护法规，公司并无动力进行育种研究，主要是由国有机构和大学完成，与我们现在遇到的情况别无二致。随着实用专利、植物专利、品种保护三重知识产权保护体系的逐步建立，激励了私人企业投资。

种业龙头企业是发达国家种业战略的核心载体。整合社会各类资源培育壮大龙头企业是国家种业强大的必由之路。美国的农业全球化战略，通过立法保障、政策扶持、政府资助、资源整合、设立各类基金会进行投资等多种方式，扶持大型企业承担国家重要项目，进行育种技术研究，并鼓励其进行产业兼并和产品输出，着力培养大型种业龙头企业。

大额资金投入、长期材料积累及全球资源配置，是发达国家牢牢把握全球种业研发育种制高点的重要手段。20 世纪 60 年代以前，美国种业科研主要以公立研究机构为主，但是随着种子产业化和集中度的不断提升，种子公司逐步成为作物育种功能的主体。1960 ~ 1996 年，企业等非国家科研机构在作物育种的投入增长了 13 倍，而国家科研机构的研发投入则变化甚微，逐渐形成了国家科研机构专注于基础性、公益性研究，大型种子公司则在国家和社会各类基金的支持下，专注于品种开发、技术改良、产业化、技术输出等应用型研究的社会分工，促使社会资源利用的最大化。

同时，美欧大型种子公司长期在全球范围内收集种质资源，分离克隆有效基因并申请专利，还通过购买专利、独家授权等方式努力获取其他国家的前沿科技成果，逐渐掌握了大量育种资源和最新育种技术，逐步确立了其生物技术育种领域的优势地位，培育了大量高产、优质、抗性强、专用性高的优良品种，成为全球育种研发的领导者。

大规模的全球并购和资源整合，是发达国家建立现代种业体系的重要途径。美国种业市场在 20 世纪 30 年代仍然是以数量众多的小规模个体民营企业为主，资金匮乏，无力进行自主育种技术研究，而完全依赖国家的科研院所。在 20 世纪后半段的数十年间，在国家战略支持下，具备强大农化背景的工业资本进入种业，从而使种业按照现代化大工业模式和现代经营管理机制运营成为现实，美国种业发生了规模巨大而持续的产业并购重组。大规模的产业并购直接导致种业集中度快速提升，产业结构出现了根本性的变化。同时，欧美种业巨头又进一步利用其在国内的优势地位发起国际并购，在全球收购各国企业，从而巩固了其在国际范围内的种子市场中的领先地位。

将工业化、工厂化的成熟经验引入种业制种的生产加工环节，确保了种子生产的高质量、高标准。综合分析全球种业前十强生产加工环节，可以得出以下生产经验：

一是普遍采取欧美大农场在播种、去雄和收获等环节的全程机械化。

二是在全球建立生产基地，选择最适宜区域生产亲本及安排制种。

三是与机械研究单位及生产单位合作，专业化定制适用于种业的加工烘干设施设备。

四是持续改进田间生产技术及耕作方式，先正达等公司不断推进杂交水稻制种的全程机械化，并且在印度等国家进行推广。

五是质量控制自成体系，独立于田间和工厂，实行产前、产中、产后全程监控。

六是注重加工、包衣、包装等环节的技术和工艺流程的研发，统一外包装。

总体上讲，国际种业巨头成功的核心主要是通过加大科研投入、实施全球资源整合战略，不仅拥有领先的育种技术和生物技术产业转化平台，而且借助于高水平的人才、设备与管理，建立了规模化、标准化生产体系与质量管理体系，已逐步培育形成了集研发、生产、推广、销售、技术服务为一体的全产业链核心竞争能力。

第五章

中国种业发展的战略透视

Strategic perspective of seed industry development in China

一、中国种源总体能够自给

种源问题是种业的核心问题。2020 年年底召开的中央经济工作会议，强调开展种源“卡脖子”技术攻关，立志打一场种业翻身仗。

关于种源问题，农业农村部的说法是，从农业产业链供应链的保障能力看，我国农作物特别是粮食种子完全能依靠自己解决；猪牛羊等畜禽核心种源立足国内有保障；白羽肉鸡等个别种源进口占比较大，但国内品种可替代。总体上看，我国农业用种安全是有保障的，风险是可控的。具体可分为三种情况。

（1）种源完全自给且有竞争力的。如水稻、小麦两大口粮作物品种完全自给，杂交水稻亩产潜力突破 1 000 千克并保持国际领先（图 5-1），优质专用小麦种植面积

图 5-1　杂交水稻

逐年扩大；油菜、花生、黄羽肉鸡等品种全部自主选育，蛋鸡、白羽肉鸭品种生产性能达到国际先进水平。

（2）种源能基本自给但品种和国外有差距的。如玉米自主选育品种面积占比 91%，大豆全部为自主选育品种，但受育种水平及栽培条件等多种因素影响，单产均只有美国的 60% 左右。还包括蔬菜自主选育品种面积占比 87%，其中耐储番茄、甜椒、胡萝卜、水果黄瓜等少数设施专用品种进口超过 50%，主要满足细分市场需求，所占份额不大。生猪引入世界主流品种“杜长大”后，本土化选育成效明显，核心育种群进口种源占比不到 10%，但性能指标还落后发达国家。奶牛 90% 是全球通用品种荷斯坦本土化选育的“黑白花”，良种母牛和选育技术接近国际先进水平，但育种体系及种公牛竞争力还有差距；肉牛国内自主繁育种公牛占 70% 以上，引进主要是改良性能、培育自主品种。

（3）种源基本来自进口的。如白羽肉鸡祖代种鸡基本从国外进口，我国企业正在加紧攻关，已有突破。甜菜种植面积 300 多万亩，产糖量约占我国总产糖量的 13%，95% 的种子从德国、荷兰等进口。

上述情况应该是真实的。据此，有人就强调由于种源自给情况不错，因此中国种业不存在“卡脖子”风险。但要注意，种子被“卡脖子”，指的是在种质资源和基因资源，如基因编辑、高通量表型组、全基因组选择等生物技术，以及高通量高精尖仪器设备方面缺乏自主知识产权、受制于人的情况，并非仅仅是具体的种源供给问题。如果从这个意义上讲，中国种业的“卡脖子”风险是存在的。

二、种业核心技术存在“卡脖子”风险

1. 核心种质与关键基因创新不够

中国农作物种质资源收集保护方面，跟国外差距不大，但在对种质资源精准鉴定方面，比如是否具有高产、优质等性状，还有不小的差距。目前，中国已保存 52 万份农作物种质资源，位居世界第二，但完成资源精准鉴定的不到 1.5 万份，拥有自主知识产权的基因仅有抗虫棉基因、植酸酶基因和抗水稻螟虫基因等少数基因，具有重要应用价值的基因大部分掌握在国外跨国公司手中。

玉米起源于北美洲，中国引种玉米的历史，只有约 500 年，如今已更新换代到第 7 代。中国的玉米产量只有美国的 60%，要赶上美国的产量水平，就只有靠种质资源。但是，中国玉米品种亲本的选育还有较大比例来源于国外种质材料，如改革开放之后从北美洲引进的玉米自交系 Mo17，成为我国东北地区玉米育种的重要基础种质，贡献很大。可以说，玉米的每一代种质资源都可能被“卡脖子”。尽管玉米品种千差万别，全球转基因玉米也就用七八个基因，但各家公司都是用差异化的基因性状，这些核心基因性状都掌握在拜耳、科迪华等巨头手中，就像手机企业向高通交专利许可费一样，其他育种企业如要使用这些基因性状，就要交上一笔高额的性状许可费。

如今严重依赖进口的大豆，实际上种源来自中国。1956 年，一场罕见的虫灾席卷美国，给当地大豆带来灭顶之灾。危急关头，美国科学家在中国野生大豆中找到抗病基因，成功地度过了危机。近半个世纪后的 2000 年，美国孟山都公司组团到中国考察。临别前，中方送给对方一粒野生大豆种子。孟山都如获至宝，回去后，立刻用最尖端的技术，检测出高产和抗病基因。紧接着，孟山都通过转基因技术复制出这种大豆，并在全球 101 个国家和地区，抢注了 64 项专利，连给它提供了研究基种的中国也得交专利费。如今，美国成了全球大豆霸主，中国的大豆产业则几乎全军覆没：1995 年之前，中国手握全球 90% 以上的野生大豆豆种，并一直是大豆净出口国，如今我国 90% 的大豆依赖进口。

虽然中国的蔬菜品种自主率为 87%，但仍有一些品种的进口依赖度很高，如高端设施农业中的一些蔬菜；长季节栽培的番茄等，还是国外品种占据主导。大数据显示，蔬菜种子进口额度最大的前五位，分别是番茄、青花菜、胡萝卜、菠菜和洋葱。其中，番茄主要的进口品种有美国的“SVTM4224”、海泽拉的“夏日阳光”等，青花菜主要是日本的耐寒优秀品种，胡萝卜的主要进口品种包括法国的“红誉 6 号”等，菠菜以德国的“175”、日本的“029”等品种为多，洋葱则主要以荷兰的“金宝”等为多。我国在重要农艺性状基因研究上较为滞后，如抗病、雄性不育等基因的挖掘、功能机制研究等，实际应用于育种的更少。

2. 关键技术仍然受制于人

生物育种技术是现代种业发展的主要推动力，但目前我国不少核心技术拿来主义多，原始创新力度不够，与发达国家存在较大差距。

目前，全球受理转基因技术专利申请前五位的国家及地区专利局依次为美国、中国、世界知识产权组织、欧洲专利局和澳大利亚，专利受理量占总受理量的 66.98%。美国作为转基因技术应用的先驱，众多跨国公司把其作为转基因作物及技术产业化的重点区域，专利受理占全球总申请量的近 1/4，位居世界第一。中国农业生物技术整体发展水平在发展中国家处于领先地位，但进入商品化生产的转基因作物较少。此外，中国相关机构提交的全球专利申请总量比本国受理的专利总量低 12.04%，受理的专利中多数来自国外机构，属于技术输入国。

近年，中国的基因编辑专利申请增长速度超过美国，占到世界总量的 31.3%。但基因编辑技术体系的原始专利均在美国，中国专利大多属于技术体系中间层的从属专利申请，居于顶层的原始创新和落地的应用发明专利均相对较少，而且申请主体多为科研单位，缺乏全球专利部署，专利整体质量和经济价值相对较低。因此，开发类似于基因编辑技术、有自主知识产权的前沿生物技术显得尤为重要。

3. 核心设备严重依赖进口

基因测序设备是获取基因组数据的核心设备，在基因检测、基因编辑、基因合成等领域有着决定性的地位。从基因测序的产业链来看，基因测序设备和配套芯片、试剂处于最上游，技术难度最大，利润值最高。目前基因测序行业上游主要被 Illumina、Thermo Fisher、Roche、Pacific Biosciences、Oxford Nanopore 等几大国外巨头把控，这些企业几乎占据了国际市场份额的 99.9%，核心技术、成套产品、配套试剂被高度垄断，还构建了严密的知识产权保护体系。中国在基因测序领域的早期创业公司大多处于产业链中下游环节，在测序仪、配套芯片及试剂方面严重依赖进口，而且面临市场过度饱和、产品严重同质化的现实状况。可以说，中国的基因测序技术一直面临“卡脖子”的尴尬局面。

此外，表型组和环境组信息获取设备对科学高效育种也十分重要。我国虽已逐步开展了表型组设备的引进和研发工作，但主流超分辨显微成像技术及其装备都被国外进口产品垄断，急需自主可控的高端设备。农业传感器是环境组的核心设备，但我国目前自主研发农业传感器数量不到世界的 10%，且稳定性差。

专栏 5-1

农业传感器

农业传感器主要包括生命信息传感器和环境传感器。生命信息传感器是通过检测植物生长过程中植物信息元素和农药、化肥等元素含量，并对植物生长体征进行数字化处理，进而分析植物生长状况。环境传感器主要是对水分、土壤、空气等植物所生长的环境进行监控分析，及时了解环境变化，保证植物成长和农作物质量达到最优。

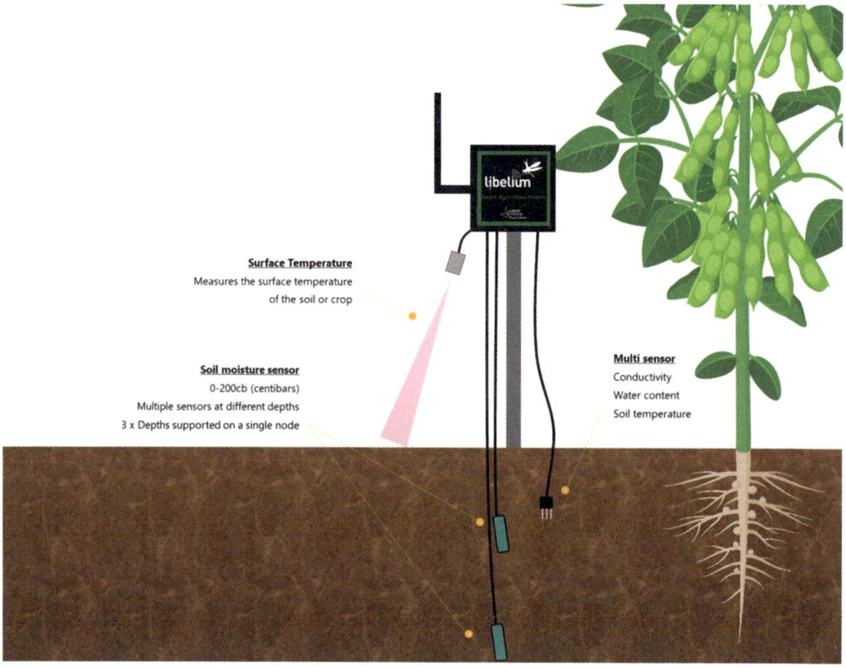

图 5-2　农业传感器

目前，常用的农业传感器主要包括温度传感器、湿度传感器、pH 值传感器、气敏传感器、生物传感器、光电传感器和压力传感器等（图 5-2）。

三、中国种业围城困局

1. 市场集中度低

相较于发达国家，我国种业发展仍处于初级阶段，企业数量和规模虽明显改善，但是市场集中度低。种业企业小而分散，社会化、专业化水平较低，缺乏能引领行业健康发展的大企业，从而容易引发重复建设、产能过剩、恶性竞争等突出问题。

据全国农技推广中心的数据，2017 年种业 CR10（业务规模前十名的公司所占的市场份额）市场占有率为 18%。按作物分，水稻集中度较高，其中杂交稻为 37.46%，常规稻为 33.92%，但是和美国等发达国家 70% ~ 90% 的市场占有率相比仍有待提高。2017 年 CR10 市场占有率合计数见图 5-3。

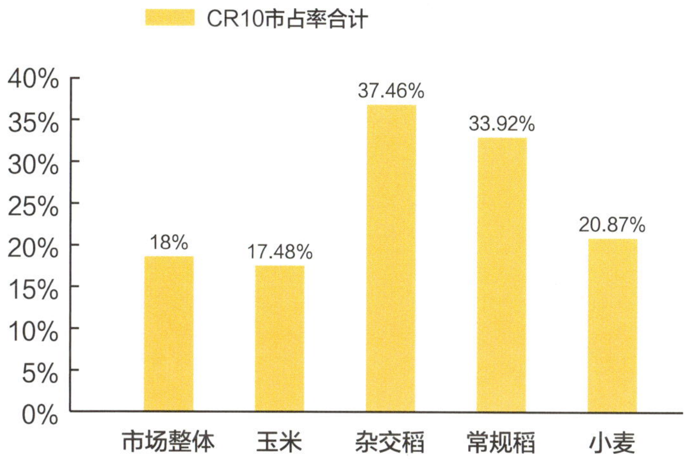

图 5-3　2017 年 CR10 市场占有率合计数

2. 企业研发能力弱

与国外种子研发主要由企业完成不同，我国的种子研发力量主要集中在科研院所。科研单位之间也缺乏相互合作，科研投入重复较多，效率不高。据不完全统计，我国有 400 多家公共科研院所和大学在从事种子的科技创新。而我国的种子企业大多以生产为主，研发能力很弱。中国拥有种子经营许可证的企业有 7 200 多家，但拥有自主知识产权的不到 1/10，而真正实现全产业链运作的更是寥寥无几。大多数种子公司是向科研院所购买新品种使用权后进行制种并向市场推广，这些都是种子生产企业而非研发企业。

规模不足掣肘抗风险能力，注重营销、忽略研发则成为风险规避下的主要做法。根据原农业部发布的数据，我国种子企业研发支出远落后于国际同行，2016 年种子企业科研总投入为 39.6 亿元，占种子销售收入的 5.3%。经统计，上市企业中，隆平高科研发支出水平最高，为 10.1%，与国际同行相当，但是因规模限制，绝对水平上差距明显（图 5-4）。

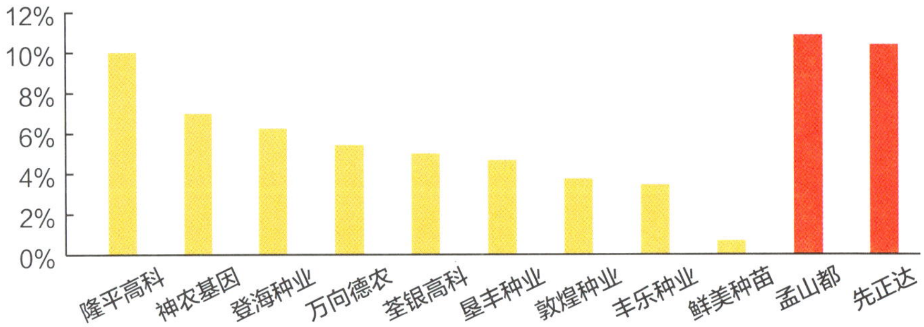

数据来源：公司公告，广发证券发展研究中心

图 5-4　我国种子企业研发支出普遍落后于国际同行

3. 知识产权保护不足

于商业性育种而言，加强品种权的保护是激发创新研发的根本动力与前提。目前中国种企育种能力弱，原创品种稀缺，大多通过联合开发、购

买种子经营权的方式获得销售良种的资格。在竞相争取种子经营权的过程中，因种业知识产权保护法律制度不健全而导致品质趋同的现象大量存在。在种子市场监管环节，相关部门难以监管包装内实际销售品种与包装声明的审定品种的一致性，导致许多侵犯他人知识产权的非法经营行为增加，制约了种子企业和社会资本投资种业新品种研发的积极性。如何使知识产权有效支撑未来种业发展，是我国种业发展面临的最大挑战。

种业市场监管机构多而复杂，各监管机构的管理职能和分工不明确，影响了种业市场的监管效果；受种子管理部门检测能力的制约，很难查出品种侵权的证据，因而难以有效控制种子的侵权行为；基层种子管理部门面临着编制与资金严重不足的窘境，“执法不严、以罚代管、罚而不纠”成为他们不得已而为之的“管理手段”，使得种子市场处于亚健康发展状态。

4. 制假卖假影响恶劣

种子行业存在众所周知的潜规则——育种不如买种，买种不如偷种，偷种不如套牌。

据中国农科院估计（《2018 年玉米种子市场形势》），目前市场上至少有 1/3 的种子是套牌种子或违法转基因种子。套牌种子是我国种业市场的顽疾，随着生产水平的提高，套牌种子并不“伪劣”，种子在纯度、净度和发芽率等方面不一定不达标，而且因其成本低、盈利多，具有“价格”竞争优势。

经济负外部性无法通过市场自身解决，而常年知识产权保护不力则给这一恶性行为创造了生存空间，肆无忌惮地违规私繁，对产能过剩、阻碍资本积累和围困正规企业起到了推波助澜的作用。

制假卖假者生意兴隆，守法经营者难以生存，“劣币驱除良币”的现象频出：热门品种成为假冒仿劣重灾区，生命周期被迫缩短；新品种刚刚通过审定其亲本就可能被窃取，套牌种子随后登场；同质化产品充斥市场，低效竞争无助于品种升级。

四、中国种业突围之路

中国种业突围的大幕已经拉开。新时代以来，中国种业加速发展，具备了前所未有的好形势。

1. 在深化改革下我国新品种爆发式增长

自 2014 年起，农业部深化“放管服”改革，拓宽试验渠道，随着绿色通道、联合试验体及引种备案制的实施，农作物品种审定实现又一次重大跨越，农业行政主管部门将品种入市权交给企业，品种选择权交给市场，品种判定权交给农民，从而使我国种子企业竞争力不断提升。2017 年我国国审玉米品种超过 1/2，水稻品种超过 2/3 来自于企业研发，新品种呈现爆发式增长但也存在大量过剩。2019 年我国水稻品种通过国审数量 372

个，较 2014 年增长约 8 倍；玉米通过国审数量 664 个，较 2014 年增长了近 23 倍。

2. 兼并重组带来行业集中度持续提升

随着市场环境改善及企业竞争力提高，据现代种业发展基金统计，2013 年至今，我国种子企业进入了第一次兼并重组浪潮，2015 年及 2016 年种业并购事件更加活跃，2017 年共发生公开披露的种业并购事件 15 起，交易总金额为 16.49 亿元，较 2016 年增加 60% 以上（表 5-1）。

表 5-1　种业并购事件数量和交易金额

年份	2010	2011	2012	2013	2014	2015	2016	2017	2018
并购事件	6	9	5	17	14	22	26	15	11
交易金额（万元）	18832	42361	49004	206915	142477	190679	98699	164927	697886
种子企业数量	8700	6991	6600	5848	5200	4660	4316	4000	3421

来源：中国种子协会、国金证券研究所

总体来看，我国种业兼并重组具有以下特征：

一是以种业内部横向兼并重组为主，纵向并购和混合并购较少。多数企业选择横向并购优质种业公司，但也有企业进行纵向发展，如农发种业从 2014 年起便投资并购河南颖泰、中农发河南农化等，向农化领域延伸。

二是作物间发展不均衡。杂交稻最为活跃，企业已分层发展；杂交玉米早期活跃，后来停滞不前，主营其他作物的企业并购活动较少。

三是处在一个开放的环境中，参与了国际并购。近年，隆平高科、荃银高科、农发种业等上市公司纷纷在东南亚、非洲、南美等地设立种子公司。2017 年 6 月，中国化工集团公司以 430 亿美元收购瑞士先正达；同年 12 月，隆平高科携手中信农业基金宣布完成收购陶氏益农巴西玉米种子业务，种业“走出去”步伐加快（表 5-2）。

表 5-2　种业并购事件内容

收购方	时间	被收购方	交易金额（万元）
隆平高科	2018.12.20	联创种业	138 690
	2017.11.13	三瑞农科	51 521.26
	2017.11.13	河北巡天	37791
	2017.8.23	惠民科技	9 345.02
	2017.6.14	金稻种业	12 398
	2017.10.1	巴西陶氏	4 亿美元
	2016.10.28	广西恒茂农业科技	21 591.36
	2015.6.30	寿光瑞德特种业	2 016.9
	2015.6.30	天津市绿丰园艺新科技	4 045.28
荃银高科	2010.8.19	四川竹丰种业	979.2
	2011.3.31	安徽华安种业	2 205
	2011.7.15	安徽皖农种业	2 397.7
	2011.9.15	辽宁铁研种业	2 348
	2019.9.24	皖农种业	16 146
	2019.12.30	荃银科技	14 008
	2017.8.1	同路农业	28 800
农发种业	2012.11.6	湖北省种子集团有限公司	15 000
	2013.11.26	山西潞玉种业股份有限公司	6 611.3952
	2014.9.20	江苏金土地种业有限公司	2 022.5501
	2014.12.18	内蒙古拓普瑞种业有限责任公司	6 120
	2015.7.16	河南颖泰农化股份有限公司	37 928.7
	2016.3.15	中农发河南农化	6 700
登海种业	2015.4.1	莱州华玉种业有限公司	500
中种集团	2010	四川川种种业	
	2010	广东金稻种业	
	2011	洞庭高科种业	
	2013	与孟山都合资成立中种国际	

来源：Wind、国金证券研究所

3. 种企研发投入显著增加

从上市公司层面看，科研驱动公司发展，高研发投入会带来优势品种推出，优势品种促使公司占领市场，带来业绩增量。

近年，我国种业企业科技研发投入也不断增加。目前我国上市公司中隆平高科研发投入领先，2018 年研发绝对投入 4.49 亿元，占比营业收入为 12.55%；复盘公司近 20 年的业绩变化，可以看到业绩随优势品种的大面积推广及兼并收购而变动。同时，观察国内大部分种业公司，近年研发投入均逐年上升。由此可以看出，产品大规模更新换代、研发速度提升以及产品井喷，以大农业为目标的平台型企业更占据行业主动权。

4. 对外依存度显著降低

目前，我国外资种子企业数量不多、市场占比较低。全国持证种子企业 7 200 多家，其中涉外资企业 25 家，年销售总额 20 多亿元，占种子企业销售总额的 3% 左右。进口种子所占份额不大，主要是蔬菜。农作物种子进口约占国内用种量的 0.1%，以蔬菜种子为主。2019 年我国进口农作物种子 1.47 万吨，其中蔬菜种子 8 200 多吨，种植面积占国内蔬菜种植面积的 13%，主要有青花菜、胡萝卜、洋葱、菠菜等。

5. 转基因技术商业化步伐有望加速

目前，我国批准种植的转基因作物有抗虫棉和抗病番木瓜，另外以转基因抗虫玉米及转基因耐除草剂大豆为重点，同时还批准了转基因大豆、玉米、油菜、棉花、甜菜等五种国外研发的转基因农产品作为加工原料进入国内市场。目前转基因品种中应用最广泛的为棉花，已经成为仅次于美国的第二个拥有自主知识产权的转基因棉花研发强国。截至 2019 年年底，转基因专项共育成转基因抗虫棉新品种 176 个，累计推广 4.7 亿亩，减少农药使用 70% 以上，国产抗虫棉市场份额达到 99% 以上。

2019 年,《关于慈 KJH83 等 192 个转基因植物品种命名的公示》显示，北京大北农生物技术有限公司申报的适合北方春玉米区的“DBN9936”及杭州瑞丰生物科技有限公司和浙江大学申报的适合北方玉米区的“双抗 12-5”已经获得我国农业农村部核发的生物安全证书。

这是继 2009 年我国有关部门就发放抗虫水稻华恢 1 号、抗虫水稻 Bt 汕优 63、转植酸酶基因玉米 BVLA430101 转基因生物安全证书之后再次核发。目前程序已经走到了第四个阶段：实验研究、中间试验、环境释放、生产性试验、安全证书审批。下一步是等待商业化许可。

一般转基因性状允许商业化之后，便进入农作物种子新品种上市的审批流程，在品种试验阶段需要进行不少于两个生产周期的区域试验和不少于一个生产周期的品种试验，以及进行品种特异性、一致性和稳定性测试等；后续将开启农作物种子新品种审批流程。

第六章

市场化是走向种业强国的关键

Marketization is the key to powerful seed industry

2020 年年底召开的中央经济工作会议，提出了强化国家战略科技力量、增强产业链供应链自主可控能力、坚持扩大内需等八项重点任务，其中将解决好种子和耕地问题作为年度经济工作重点任务单独列出，尚属首次。

经济领域是一个系统工程，任何一项任务都不是孤立事件。比如说，解决种子问题，势必要坚持战略性需求导向，发挥企业在科技创新中的主体作用，同时这也正是增强我国产业链供应链自主可控能力的一个有机组成部分。从这个意义上讲，打好种业翻身仗，必须跳出种业看种业、跳出科技看科技，关键还是要不断深化科技和农政体制改革。

一、真正“卡脖子”的是市场化改革滞后

随着中美贸易摩擦不断升级，人们对高科技产业的关注度越来越高，“卡脖子”技术几乎成了家喻户晓的概念。2020 年 9 月，中科院表示要把美国“卡脖子”的清单变成科研任务清单进行布局，大大提振了国人士气。

随后，有媒体关注到种业安全问题，担心洋种子会成为农业领域的“芯片”，被人“卡脖子”卡到碗里。实际上，种业领域对外依赖度高与互联网等高技术产业受制于人的情况有较大的差别，真正影响中国种业发展的是市场化改革不足。实现中国种业振兴，减少对国外品种的依赖，核心还是要在深化农业科技体制改革上下功夫。

习近平总书记说，核心技术受制于人是我们最大的隐患。由于产业链

演化和科技研发布局等历史原因，我们的高技术产业确实有较大的缺陷，不少关键性核心技术长期受制于人，而且存在技术上的代际差距，赶超起来非常困难。

表面上看，种业的情况也不容乐观。调查显示，我国的主要作物中，水稻、小麦的国产化率还比较高，玉米、马铃薯部分依赖进口，而不少蔬菜品种则高度依赖进口。不过，深入分析就会发现，种业面临的情况与高技术产业还有较大区别。

首先，我国种业具备完整的研发体系和良好的研究基础。国以农为本，农以种为先。在这一理念指引下，长期以来国家在种业的公益性、基础性研究方面投入了大量经费，我们有相当的技术储备还没有得到充分释放。

其次，国内种业企业的研发能力正在快速提升。国内有一批种业企业，在产业布局、研发投入、人才延揽等方面直追国际巨头，在优势品种上与国际前沿的距离也在逐步缩小。

再次，种业的技术普及度要远远高于互联网、芯片等高技术产业。可以看到，与高新技术掌握在少数发达国家甚至少数几家公司的情况不同，优势品种分布在世界各地：玉米种子来自美国、蔬菜种子来自韩国、水果种子来自日本、辣椒种子来自以色列……高普及度、高分散度本质上意味着风险相对降低。

制约种业发展的关键因素是市场化改革滞后。我国种业科技对经济的贡献度还比较低，研发能力和技术储备尚未转化为市场的技术供给；市场需求不足，又会反过来制约技术创新。客观地讲，种子、化肥、农药等方面已经是农业中市场化程度最高的领域，但仍旧存在不少体制机制弊端。

关键问题是科技供给与科技需求存在断裂。2016 年，有关部门制定了《关于扩大种业人才发展和科研成果权益改革试点的指导意见》，意在解决种业科研和农业生产“两张皮”及种业科研成果转化上的“肠梗阻”问题。但多年下来，改革的成效并不尽如人意。主要问题在于，仍然没有明确科研机构与企业在不同类型研发活动中的定位，科技投入机制仍旧处于模糊境地，研发激励没有真正落地。

二、立志打一场种业翻身仗

中央经济工作会议针对种子问题，明确了三项关键任务：

一是加强种质资源保护和利用，加强种子库建设。

二是尊重科学、严格监管，有序推进生物育种产业化应用。

三是开展种源“卡脖子”技术攻关，立志打一场种业翻身仗。

1. 加强种质资源保护和利用

种质资源保护和利用是种业发展的公益性基础性工作。长期以来，国家在资源保藏方面投入巨大，但资源的研究与利用方面则显得步伐滞后、力度不够。

近年，针对农作物种质资源共享服务模式单一、共享效率不高、研究利用不畅等问题，相关部门尝试通过各种科技创新联盟的形式加以推进，但实际效果并不理想。

提升种质资源保护和利用效率，关键是在市场机制下实现各类研发/生产机构的资源互补，这方面可以借鉴图书文献领域“馆际互借”的做法加以改进。这当中主要是一个利用协议问题，并没有必要组建什么“联盟”，更没有必要把所谓联盟实体化。如果“联盟”逻辑是可行的，那么干脆把全国种质资源库合并成一家单位就够了。深化改革是在市场经济框架下面做加法，不是动不动就放弃市场框架，搞排他性体制。

种子库建设也并非全然没有问题。在种质资源保藏中，农业野生植物原生境保护点建设是一个重要内容。笔者曾经有机会近距离地观察这项工作，但发现很多保护点，建在哪里、建多大规模，经常是个别官员在地图上随便圈划产生的，并无充分的科学依据。其中反映出的沉疴与积弊，一言难尽。

种子库管理和建设主体虽然没有直接的行政权力，但同样系属国家公器，不可肆意妄为。未来要制定一套有针对性的管理办法，更好地保证政府与市场能够协同高效发挥作用。

2. 有序推进生物育种产业化应用

所谓生物育种，简单来说就是利用现代生物技术手段对作物或畜禽品种进行辅助选育，是与传统上表型选育相区别的一套育种方法的统称。转基因、基因编辑、合成生物学都是生物育种的一部分。

中央之所以强调要有序推进生物育种产业化应用，正是因为过去在转基因技术的研究和产业化方面存在战略失误。“十二五”以来，国家将“转基因生物新品种培育”列为15个民口重大专项之一予以资助。但多年来，真正通过品种审定的只有棉花和番木瓜两个品种，主要农作物一项都没有。实际这项技术存在强劲的市场需求，一些地方甚至倒逼出了非法制种、非法种植。这个规模有多大，局外人说不清楚。相关负责人长期用“小面积零星出现”这类话语搪塞媒体，恐怕不是实事求是的态度。

国际上，转基因育种已经全面铺开，我们进口的玉米、大豆实际上大多都是转基因品种。有人甚至不无戏谑地说道，转基因作物，中国人可以吃但不可以种，实在是想不明白。在这个局面下，回避等待没有出路。未来，应该在更为审慎的安全监管框架下，加快转基因技术的研究推广，正面回应公众关切，不断增加转基因生物安全证书审批和品种审定的透明度。中央强调的“尊重科学、严格监管”绝不应该沦为一句空话。

继转基因技术之后，基因编辑和合成生物学将是未来主要的发展方向。可以预见，作为转基因重大专项的延续，“十四五”期间启动以生物育种为核心的重大专项是大概率事件。但如上所述，如果不解决科技研发和产业化链条上的体制机制障碍，单靠所谓“重大专项”是难以从根本上解决问题的。

3. 开展种源“卡脖子”技术攻关

前面我们做过分析，种业“卡脖子”只是一种形象的说法，实际上种业领域对外依赖度高与互联网等高技术产业受制于人的情况有较大的差别。当然，对于种源上存在的一些结构性问题应该引起我们的重视。

过去我们谈到种源问题，通常只讲作物种源，而很少谈论动物种源。这主要是受到口粮安全这种单一粮食安全观的影响，在食物安全这一新粮食安全观的引领下，需要对全品类的种源问题进行统筹考虑。

当前粮食作物种子问题不大，但几乎全部的动物种源都存在问题，大型动物更是基本没有破题。种源“卡脖子”问题主要还是出在白羽肉鸡、生猪、奶牛等品类上，高端蔬菜也有一定提升空间。从这些分析可以看出，未来破解种源“卡脖子”问题的关键是要在动物和高端蔬菜上面下功夫。

三、推进种业市场化改革

世界一流的种子企业，无不是在市场回报的激励下成长起来的。连续几年来，国家品种审定中大部分新品种都来自企业研发。2019 年全国审定品种中企业独立选育或企企合作选育品种 2 614 个次，占比超过 60%，其中水稻品种的企业选育占比要达到 90%。也就是说，企业已经成为种业研发和创新的主体。振兴民族种业，打一场漂亮的种业翻身仗，只能靠不断深化农业市场化改革，发挥企业的创新主体作用，将具有内生效益的技术研发内容放手交还市场。

我国应加快建立商业化农作物种业科研体制，探索针对企业研发的支持奖励机制，推动中国种子企业不断做大做强，走向世界。通过合理的激励机制让数以百计的科研机构以及数以万计的科学家参与其中。只要有充分的市场回报，企业和科学家一定会形成自主联合，而不需要政府伸手去“捏合”；如果无利可图，组建再多的“联盟”也难以真正推动科技的协同创新。

未来要在高水平市场体系中培育大型种业龙头企业。鼓励和引导优势种子企业通过兼并重组、许可经营等多种方式迅速做大做强，引导各类科技资源和创新要素向大型企业集聚，提高产业聚集度和企业规模化经营水平，打造大型现代种子企业。同时，要进一步明晰企业各部门在良种选育、繁育、推广和销售等种业产业链条的利益分工，强化协作配合，建立规模化、高通量、分段式、流水线式的商业化育种技术体系，着力提升市场竞争力，逐步培育具有国际竞争力的现代化种子龙头企业。促进中等规模企业专业化发展、发展中等规模以下企业与小型企业成为服务型代销商，以形成合理的企业层级梯次，改变现有种业市场结构。

公益性、基础性技术研发由政府承担，但要有合理的制约机制。在种业领域，除了能够市场化的技术研发活动，还存在一些像植物原生境保护、种质资源保藏等难以市场化的工作。这些工作只能实行政府兜底，采取公益性投入方式完成。但为了打破一些部门的本位主义思想，可以考虑实行科研经费的分配权、使用权、评价权“三权分置”，形成不同部门间互相制约监督的机制。

2021 年 2 月，农业农村部办公厅印发《关于鼓励农业转基因生物原始创新和规范生物材料转移转让转育的通知》，提出了规范发展转基因生物育种的六条措施，强调落实企业在农业转基因生物推广应用中的主体地位，支持企业组建创新联合体，促进创新资源互融互促。引导院所高校的优质农业转基因研发成果按照市场机制向企业集聚。推进转基因研发科企合作，鼓励企业、企业与院所高校联合申报生产应用安全证书，让企业真正成为研发、应用和贸易的主体力量。这一文件，是对党的十九届五中全会、2020 年中央经济工作会议、2020 年中央农村工作会议的一次具体落实，如果上述政策能够得到实际推行，能够推动中国生物育种产业取得重大进展。

市场化是走向种业强国的关键，打赢种业“翻身仗”，关键还是推动种业市场化改革，在市场框架下集聚全国乃至世界优势力量组建中国特色的种企巨头。只有这样，中国种业才能在世界立足，中国才能实现由种业大国向种业强国的历史跨越。

参考文献

一、报纸期刊

[1] 卜叶，黄辛．光电仪器亟待解决“卡脖子”问题．中国科学报，2019-08-23(3)．

[2] 陈明．种子大量依赖进口，农业会不会遭遇“芯片危机”？．新京报，2020-09-22(4)．

[3] 陈明．中央罕见强调“种子问题”，有助于打赢种业翻身仗．新京报，2020-12-23(3)．

[4] 陈瑞剑，仇焕广，栾江，等．种业发展国际比较、趋势与启示．世界农业，2015(5):6-9.

[5] 迟佳妮，郭明璋，刘洋儿，等．基于合成生物学的功能微生物在种植业生产中的研究进展．农业生物技术学报，2020(9):1688-1698.

[6] 邓光联，赵帅，韩奎．乘改革东风 促种业飞跃：改革开放四十年，种业实现历史性发展．中国种业，2019(2)：1-6.

[7] 方云花，杨湘云．世界著名种子方舟掠影．生命世界，2019(5):20-25.

[8] 乔金亮，关晋勇，谢飞，等．世界种业闯关前行．经济日报，2021-02-01(4)．

[9] 贺利云 . 国外种业监管模式分析及对我国的启示 . 中国种业，2012(12):1-4.

[10] 贺利云 . 从中美育种体制比较谈种业体制改革 . 中国种业，2014(05)：8-12.

[11] 李菊丹 . 国际植物新品种保护制度的变革发展与我国应对 . 知识产权，2020(1)：59-71.

[12] 李书峰，毛世平 . 制度创新与技术创新的互动机理对中国种业自主创新发展的影响分析 . 世界农业，2019(6)：91-97，119.

[13] 李晓俐 . 浅析国内外农业种业的科技创新 . 科学管理研究，2014(5) :94-97.

[14] 李永华 . 不让农业“芯片”卡脖子　农业龙头企业吹响生物育种冲锋号 . 中国经济周刊，2021(2)：78-80.

[15] 刘奇 . 一粒种子可以繁荣一个时代 . 中国发展观察，2012(5) :49-51.

[16] 刘齐光，薛木易，杨晓红，等 . 美国种业发展经验探析 . 现代农业科技，2019(19)：33，35.

[17] 任静，邹婉侬，宋敏 . 跨国种业公司并购形成的国际种业竞争新格局变化趋势研究：以知识产权为例 . 中国生物工程杂志，2019(7)：108-117.

[18] 孙好勤 . 基于品种创新的中国种业强国目标的实施 . 农学学报，2019(3)：11-15.

[19] 万建民 . 加快构建创新体系　突破种业“平台期” . 农民日报,2017-07-03(5).

[20] 汪健菊 . 种子，西欧市场的一支力量 . 种子世界，1987(10)：36-38.

[21] 王向峰，才卓 . 中国种业科技创新的智能时代：玉米育种 4.0” . 玉米科学，2019(1) :1-9.

[22] 王振忠，卢兵友 . 国际种业巨头发展的成功经验与启示 . 中国农村科技，2017

(4):66-69.

[23] 陈哲.我国种子工作记事年表(一九四九—一九八五).种子世界，1986(6):31-35，13.

[24] 邢瑞淼，闫文军，魏玉君.基于知识产权视角的中国种业政策分析.西南大学学报(社会科学版)，2020，46(1):53-60，194.

[25] 严圣禾,党文婷.打破垄断的基因科学“处理器”.光明日报,2019-06-21(4).

[26] 应继锋,刘定富,赵健.第5代(5G)作物育种技术体系.中国种业,2020(10):1-3.

[27] 张延秋,吴晓玲,李树君.实施“九五”种子工程,开启种子产业化发展新阶段.中国种业，2018(11):1-3.

[28] 赵春江.植物表型组学大数据及其研究进展.农业大数据学报，2019，1(2):5-18.

[29] 中国种子协会秘书处.历史成就 时代使命 责任担当:新中国成立70周年中国种业发展回顾与展望.中国种业，2019(7):1-7.

[30] 朱聪，刘芳，何忠伟.全球化视野下中外种业发展比较研究.中国种业，2013(7):1-4.

[31] 邹婉侬,宋敏.基于专利数据的植物基因编辑技术发展动态与竞争态势分析.农业生物技术学报，2020，28(6):1060-1072.

二、文件讲话

[32] 国务院办公厅.国务院办公厅关于加强农业种质资源保护与利用的意见:国办

发〔2019〕56 号.

[33] 农业部，科技部，财政部，等 . 农业部 科技部 财政部 教育部 人力资源和社会保障部关于扩大种业人才发展和科研成果权益改革试点的指导意见：农种发〔2016〕2 号.

[34] 农业农村部办公厅 . 农业农村部办公厅关于鼓励农业转基因生物原始创新和规范生物材料转移转让转育的通知：农办科〔2021〕6 号.

[35] 吴晓玲 . 抓住机遇 迎接挑战 全面提高种业创新水平：在第 16 届双交会“种业高峰论坛”上的讲话 .2018-09-16.

[36] 张桃林 . 深入实施创新驱动发展战略 努力开创新时代中国特色农业科技新局面：在现代农业发展论坛上的讲话 .2017-12-12.

[37] 张桃林 . 筑牢农业农村现代化及人民美好生活的种业根基：在全国种业创新工作推进会上的讲话 .2020-12-17.

三、研究报告及网络资料

[38] Mordor Intelligence.GLOBAL SEED MARKET（2021 - 2026）.2020. https://www.mordorintelligence.com/industry-reports/seeds-industry.

[39] Hickey, L.T., N. Hafeez, A., Robinson, H. et al. Breeding crops to feed 10 billion. Nat Biotechnol, 2019(37): 744-754.

[40] 博思数据研究中心 .2017—2022 年中国种子行业市场分析与投资前景预测报告 .http：//www.chinairr.org/report/R08/R0805/201707/11-234595.html.

[41] 国内智慧农业的发展现状与传感器的运用 .https://new.qq.com/

omn/20201015/20201015A0G2J100.html.

[42] 国金证券研究所 . 乘转基因政策之风，国内种业加速整合发展 . https://www.sohu.com/a/385460722_362577.

[43] 解析投资 . 种业市场的“拿来主义”：科研 + 资本 + 并购整合 .https://www.sohu.com/a/317694212_100243475.

[44] 前瞻产业研究院 .2018—2023 年中国种子行业市场需求预测与投资战略规划分析报告 .https://bg.qianzhan.com/report/detail/1132378890414448e.html.

[45] 如何实现我国种业向 4.0 时代跨越？——中国农科院副院长万建民谈打赢种业翻身仗 .http://www.xinhuanet.com/2021-01/29/c_1127042488.html.

[46] 世界上的种业巨头是如何形成的 .https://www.toutiao.com/a6508478854619726349/.

[47] 中国种业全球第二，为什么却受制于外国种子 . https://m.sohu.com/a/284314022_120057345.

[48] 种子是农业芯片 种子安全就是粮食安全 . https://www.yicai.com/news/406627.html.

[49] 周怀宗，王颖 . 破解种业难题③|玉米：没有“卡脖子”风险 还可输出品种与技术 .https://www.bjnews.com.cn/detail/161214720015706.html.

[50] 邹婉依 . 基于专利数据挖掘的全球生物技术育种技术及产业竞争态势分析 . 北京：中国农业科学院，2020.